# *2020* 年
# 国外教育法治动态

王云龙　主编

# World
# Educational
# Nomocracy
# [2020]

江苏人民出版社

**图书在版编目（CIP）数据**

2020 年国外教育法治动态 / 王云龙主编. —南京：江苏人民出版社，2021.10

ISBN 978-7-214-26496-1

Ⅰ.①2… Ⅱ.①王… Ⅲ.①教育法-研究-国外-2020 Ⅳ.①D912.160.4

中国版本图书馆 CIP 数据核字（2021）第 170701 号

| | | |
|---|---|---|
| 书 名 | 2020 年国外教育法治动态 | |
| 主 编 | 王云龙 | |
| 责 任 编 辑 | 史雪莲 | |
| 装 帧 设 计 | 一点设计 | |
| 责 任 监 制 | 王 娟 | |
| 出 版 发 行 | 江苏人民出版社 | |
| 地 址 | 南京市湖南路 1 号 A 楼，邮编：210009 | |
| 照 排 | 南京紫藤制版印务中心 | |
| 印 刷 | 南京新洲印刷有限公司 | |
| 开 本 | 652 毫米×960 毫米 1/16 | |
| 印 张 | 9.75 插页 2 | |
| 字 数 | 104 千字 | |
| 版 次 | 2021 年 10 月第 1 版 | |
| 印 次 | 2021 年 10 月第 1 次印刷 | |
| 标 准 书 号 | ISBN 978-7-214-26496-1 | |
| 定 价 | 68.00 元 | |

（江苏人民出版社图书凡印装错误可向承印厂调换）

# 内容简介

  《2020 年国外教育法治动态》是教育部教育立法研究基地——东北师范大学国际教育法治研究中心编辑的《国外教育法治动态》（月报）2020 年全年结集本。按照教育部政策法规司的部署，在东北师范大学的支持下，围绕国家教育立法、教育公共政策和教育领域重点、热点、难点问题，特别是防疫常态化条件下的教育治理的关键问题，《2020 年国外教育法治动态》主要刊发以下内容：

  一、为教育系统新冠肺炎疫情防控建言献策，提供智力支持，刊发《依法联动防疫 科学综合应急 ——世界主要国家涉教防疫法律政策撮要》（2020 年第 1 期）、《借鉴国外经验 建立健全国家教育应急管理"一案三制"的建议》（2020 年第 2 期）、《后疫情时代世界主要国家校园防疫公共政策述要》（2020 年第 8 期）。

  二、为制定《中小学教育惩戒规则（试行）》提供借鉴，刊发《措施可行 落实易行——世界主要国家教育惩戒法律政策特点述析》（2020 年第 3 期）、《英国中小学生管教制度述要》（2020 年第 9 期）、《英国和美国校园霸凌防治政策》（2020 年第 10 期）。

  三、为"破五唯"、深化教育评价改革提供对策建议，刊发《借鉴国外经验 以"学术宪法"引领学术评价创新》（2020 年第 4 期）。

四、为学位条例修订提供参考，刊发《德国应用型科技大学博士学位授予权之争》（2020年第6期）。

五、为推进在校生个人信息安全制度建设提供借鉴，刊发《德国学生个人资料保护法律》（2020年第11期）、《大数据条件下欧美未成年人隐私保护法规述要》（2020年第12期）。

六、为家庭教育立法提供借鉴，刊发《澳大利亚与新加坡的家庭发展政策与家庭教育策略》（2020年第7期）。

七、为深入了解外国政府语言教育政策，刊发《澳大利亚多元文化语言教育政策探微》（2020年第5期）。

王云龙

2021年5月31日

# 目
# 录

第 1 期

# 依法联动防疫 科学综合应急

## ——世界主要国家涉教防疫法律政策撮要

吴晓山

## 内 容 提 要

　　通过对美、英、日、新加坡等世界主要国家涉教防疫法律政策的系统梳理,撮要举凡,其特点可归纳为四个方面。其一,"依法防疫",是发达国家教育领域防疫的出发点;较完备的防疫法律体系,支撑教育领域防疫的合法性。其二,"联动防疫",各相关方联合协调防疫,形成多方参与实体,保障涉教防疫的有效性。其三,"科学防疫",不仅要科学治疫,也要科学防疫、控疫,保证涉教防疫的针对性与效率。其四,"综合防疫",既要有专门防疫方案,也要有综合性预案,提升应对包括突发疫情在内的所有突发公共事件的应急能力。

　　突发疫情对教育领域造成直接冲击,危及师生安全、阻碍教育教学进度。因此,世界主要国家重视涉教防疫的法律政策建设与完善,为教育领域防治突发疫情及其应急管理提供法律依据与政策支持。通过对美、英、日、新加坡、德、法、加拿大、澳大利亚、俄罗斯、韩、印度等国涉教防疫法律政策的系统梳理,撮要举凡,总结特点,具体可归纳为四个方面:依法防疫、联动防疫、科学防疫、综合防疫。

## 一、依法防疫

　　依法防疫,是发达国家教育领域防疫的出发点。英美等国均构建起立体化的社会突发事件应急法律保障体系,这是其教育领域实现依法防疫的前提。其中以美国最为典型。

　　美国防疫立法较早,形成主要以联邦法律、各州法律及各类突发事件应急法案构成的法律体系。1803 年《国会法》(*Act of Congress* 1803),是美国涉及应急管理最早的一部法律;2019 年 6 月,唐纳德·特朗普总统签署了新的《大流行与全灾害应变法案》(*Pandemic and All-Hazards Preparedness Act*),为美国最新相关应急管理法案;此外,1950 年《联邦民防法》、1974 年《灾害救济法》、1976 年《全国紧急状态法》、1988 年《罗伯特·斯坦福灾难救济与紧急救助法》、2002 年《国土安全法》等，以及各州制定的《公共卫生权示法》均为应对疫情防控的相关法律。同时，美国涉及公共卫生突发处置的法律，联邦层面集中体现在《美国法典》公共健康与福利篇第 42 章第 7 节。这些法律对教育领域防治突发疫情以及应急管理部门的构成及其职责、具体措施、资金使用等都做出了详细的规定，具有较强的针对性和可操作性。因此，美国各学校的防疫管理从预案制定、预案激活、预案实施，每个环节都有相应的法律依据。例如，明尼苏达大学双城主校区的《突发事件应对行动预案——基础计划》，其涉及以下法律：联邦层面的有《联邦民防法》《灾难救济法》《罗伯特·斯坦福灾难救济与紧急救助法》以及 1986 年的《突发事件规划与公众知情权法》、2000 年的《灾难减除法》和 2002 年的《公共卫生安全与预防和应对生物恐怖主义法》；美国法典第 42 篇《公共卫生和福利》，明尼苏达州《突发事件管理》《火灾的发生和预防》《明尼苏达有害物质应对法》等 7 部法律。这些法律赋予了明尼苏达大学《突发事件应对行动预案——基础计划》中防疫措施的合法性，凸显出教育领域的"依法防疫"特点。

英、德、日、韩、新加坡等国也构建了较完备的应急管理法律体系，为教育领域防疫提供了法律保障。英国针对 2020 年新冠肺炎疫情迅速出台了《健康保护（冠状病毒）条例 2020》[*The Health Protection（Coronavirus）Regulations 2020*，*UK Statutory Instruments 2020* No.129]，作为包括教育在内的各领域防疫依据。自 2004 年开始，英国先后出台了《国民紧急状态法》《应急管理准备和响应指南》《应急管理恢复指南》《中央政府对突发事件响应的安排：操作手册》等法规和文件。2001 年德国颁布《公民保护新战略》、2009 年修订《德国公民保护和灾难救助法》。1961 年,日本制定了《灾害对策基本法》。在此指导下,根据校园情况制定具体的安全法规,如《教育基本法》《学校保健法》以及《学校安全法》,其核心目标是保证师生安全。近 20 年来,日本先后修订了《传染病预防与传染病患者的医疗法》《关于传染病的健康事件实施要领》等系列法律法规。韩国颁行《关于学校安全事故预防及补偿的法律》,将学校疫情事故提升到"国家责任"的高度;《学校保健法》规定作为管理者的校长负有防控突发疫情的职责;《儿童福祉法》明确教育主体"要定期对儿童进行安全教育"。目前,新加坡有三项立法涉及教育领域:《环境公共健康法》,为环境公共卫生总体规范法案;《传染病法》规定任何医生、实验室或其他任何人,有正当理由怀疑或相信某人感染该疾病的情况下,需要在 24 小时之内上报卫生部和环境局;《病媒和害虫控制法》禁止任何人为病媒传播提供便利,同时还禁止任何人繁育、饲养、进口和出口未经许可的病媒,赋予稽查员公权力以控制病媒防止其传播,当实际病媒滋生地形成时,可以根据该法案进行处罚。

依法防疫是世界各国教育领域防疫的主要趋势。2012 年,新版《俄罗斯邦教育法》第 41 条第 3 款规定"卫生保健领域的权力执行机关负责向学生提供卫生保健援助"。第 4 款规定:"教育机构有义务为医疗工作者提供具备医疗条件的场所。教育机构开展教学活动的同时,应为保障学生的健康创造条件。"以及"制定国家教育政策和法规的联邦权力执行机关在获得制定国家卫生政策和法规的联邦权利执行机关同意后确定相关程序,教育机构按此程序对在校期间发生的意外事故进行调查"。印度政府制定了

《全国危机管理框架》,政府各部、各邦政府和中央直辖区政府均须按照这一框架,制定各自的危机管理规章,并且明确规定了国家、邦和县级机构职能,内容涉及危机管理的指导方针、基本制度、机制体制、预防战略、预警系统、灾难减除准备及反应和危机应对人力资源开发等方面。

## 二、联动防疫

强调联动防疫是发达国家涉教防疫法律政策体系的重要内容。疫情防控是包括公共卫生、突发事件管理、执法、医疗服务和第一现场应对人员在内的联动、协作的庞大系统。只有联动防疫,才能保障教育领域防疫的有效性。其中以英国最为典型。

英国政府明确提出,防疫"不仅仅是政府的责任,整个国家的应对预案应该是将各级政府和政府以外的机构、组织和社团的应对计划全部整合在内,形成一个(有机的)应对体系"。一旦教育领域发生疫情,则通过各方联合防疫,以强有力的措施和快速的反应把紧急事件造成的危害降到最低限度。第一,纵向层面。英国在内阁办公室设立了国民紧急事务秘书处(Civil Contingencies Secretariat,CCS),并将其纳入国家"大国家安全"管理框架,具体负责协调跨部门、跨地区的应急管理工作和紧急救援行动,根据疫情的性质和严重程度,要求相关部门负责官员统筹。非重大疫情,一般由学校及所在地的地方政府负责以及相关部门协作,快速防控疫情。为解决跨部门联动协作的困难,英国政府根据危机事件的性质和风险级别,建立了"金、银、铜"三级应急机制。疫情发生后,"铜级"处置人员首先到达现场,现场指挥官立即对情况进行评估,如果事件超出本部门处置能力,需要其他部门的协调时,立刻向上级汇报,按照应急预案马上启动银级处置机制。如果事态特别重大,则需启动金级处置机制。第二,横向层面。联合防疫不仅包括学校之间的合作,与供应商等合作伙伴的合作,还包括与世界卫生组织、国家教育部、国家卫生和公共服务部、安全部、所在地方当局和社区相关组织等的合作。当地警察局、医院、环境等安全相关部门承担相应的责任和义务,必须协助教育领域疫情防控。此外,一些志愿团体,如红十字协会、皇家妇女协会、圣琼斯急救服务中心,为受害者提供食品、药物、临时避难所以及福利救济。学校(英国高校设有新闻发言人制度)或当地媒体则通过不同途径,将这一事件进行及时准确报道,将事件真相、处理过程和调查结果等告知民众,稳定社会、安抚民心。第三,学校层面。学校均设置有紧急事务部门,由接受过校园紧急事务处理策略方面专门培训的行政主管、资深研究人员和行政官员等组成;主要职责是收集事故的主要信息,并负责落实事故方案和采取相应的应对措施;随着事态的发展,紧急事务部门负责人或将事故处理权交由紧急事件小组或其他专门处理此事件的人员。不同等级的处理小组由不同人员构成,有不同职责和处理紧急事务时的相应义务。普通事故处理小组是指普通事故现场的直接处理人员;重大事故应急小组一般由学校行政事务主管的副职来负责,其成员由各职能部门(人力资源、学生服务中心、房地产、通信、安全、商务、财务和行政事务主管的高级助理等)指定的资深代表组成;特大事故应急团队的成员包括校长、副校长、行政事务主管、财务部门主管、发展战略部门主管等。

　　美、日、澳、加及俄罗斯等国强化教育领域的联合防疫。2010年,美国教育部出台的《高等教育危机管理行动指南》明确指出:"在制定和实施全面的突发公共卫生事件管理计划时,确保各高校与公共(政府)机构、民间非营利性组织以及私人团体横向的协作,以期在法律的实施、防火安全、国土安全、突发公共卫生事件的医疗服务得到卫生及心理卫生机构、媒体和志愿者组织的支持。"美国联邦紧急事务管理局(The Federal Emergence Management Agency,FEMA)是联邦紧急事务的统一指导机构,各州教育部门则具体负责区域内学校紧急事务的处置工作,其中包括制定应急指南,组建应急管理小组,同时以地域划分为校区、社区、周边地区,组建应急分小组;调动医生、学生、教师、学校行政人员、社会工作者、警察、专家等力量,并由专门的法律顾问指导。日本建立了防疫管理体系,自中央到都道府县、市町村,建立三级应急系统,47 个都道府县和 3 000 余个市町村均签订了互援协议。日本公共安全管理委员会统一负责制定校园应急管理基本计划和校园安全具体制度,通过设定具体的校园安全的指标来管理和评价校园安全。澳大利亚应急管理中心与相关联邦主管当局、州与地区机构、当地政府和产业实体紧密合作,也与全世界的类似机构保持密切联系。通过预防、备荒、反应和重建等手段,促进国家应急管理建议的实施。加拿大安大略省《健康保护与促进法》第四部分,针对传染病作出专门规定:医生、医院和学校均有义务向本地区的公共卫生机构报告出现的或可能出现的传染性病例。卫生部门可以对传染病人采取强制隔离措施,可以要求法院对病人采取进一步的强制措施,并可以要求警察协助执行法院的命令。2001 年,俄罗斯联邦政府《国家卫生防疫局条例》规定,俄罗斯实行国家卫生防疫局领导下的地方、联邦主体和联邦政府三级卫生防疫组织体系,涉及以下单位、机构:卫生防疫局领导联邦国家卫生防疫监督中心、各联邦主体国家卫生防疫监督中心、水面和空中交通卫生防疫监督中心,受其管理的机构还有各级抗鼠疫中心、国家科研院所和卫生防疫、流行病防治机构、生产医疗免疫制剂和消毒制品的国有企业等。

## 三、科学防疫

科学是防控疫情的最有力武器;不仅要求科学治疫,也要科学防疫、控疫。发达国家在疫情预测、预警、预防和应急处置等环节充分发挥先进的科学技术优势,在疫情研判、决策咨询、专业救援、应急抢险、事件评估等方面充分发挥专家的作用。在此主要以日本为例进行说明。

日本的科学防疫主要体现在三个方面。第一,科学预防。日本的预防系统主要包括事先预防、事中应急处理和事后复原三个环节。最注重的是事先预防。为了保障预防系统的高效,日本专门划拨了专项防疫经费、防疫科学研究经费。日本《灾害应对法》明确规定校长、老师必须警惕各类危险信息,及时做好一切事先防范措施,以防范校园危机事故发生。第二,科学控疫。日本厚生劳动省下设疾病对策课、结核感染症课、生活卫生课、水道课等来负责相应工作。各都府道县卫生主管机构的相关课,如预防保健课、生活卫生课、食品卫生课、公害课等。就此次新冠病毒肺炎疫情,日本政府召集多领域专家多次会商,主要就聚集性感染、控制患者数量激增等紧迫问题进行充分研讨,制定应对疫情的综合方针。其中,向日本民众和企业提供信息、强化医疗体制等具体措施载入方针。第三,科学指导。由于地震等灾害多发,日本高度重视救灾避险,在平时积极开展避险自救、互救技能的训练,日本政府制定了《城市恢复指南》《生活恢复指南》等公共政策;各级教育主管部门均编订危机应对手册等资料,强化各级各类学校防灾避险机制。此次新冠病毒肺炎疫情中,日本文部科学省和厚生劳动省下达学校、托儿所、护理设施、残障服务设施等的防疫指引。针对国立、公立和私立学校,文部科学省在指引中指出,如果小学、中学、大学的学生中出现确诊感染病例,在患者治愈前,校长应采取隔离措施;要求地方政府,根据具体情况,学校或全校停课或部分年级停课;若班级出现 2 例及以上确诊病例时,学校以班级或年级为单位采取临时停课措施;另外,厚生劳动省在指引中指出,确诊感染病例应避免进入托儿所或使用护理设施,地方政府可视具体情况,关闭托儿所和护理设施;指引还希望各方与政府相关部门密切合作,妥善处理相关问题。

美国各级各类学校防疫根据具体情况,如办学规模、地理位置、不同类型建筑物的数量和用途、本校和所在社区可动员的资源数量及学生的数量和构成等,制定符合本校校情的应对计划,摸索出具有本校特点的科学防疫模式。以位于华盛顿哥伦比亚特区的美利坚大学为例,距离白宫仅 4 英里,占地面积 84 英亩,在校学生近万名,其中包括来自近 150 个国家的 1 000 余名留学生,专任教师近 1 000 名。因得校区地利之便，经常有美国和其他国家政坛风云人物应邀来校演讲，加之留学生来自全球、在校生构成复杂，该校防疫面临严峻的挑战。有鉴于此，美利坚大学疫情防控预案包括介绍、预案的激活及应对、恢复和附件四个部分，尤其是附件部分将指挥中心激活的原则、正常运转的风险分析、校级委员会的行政工作指南、应急团队领导工作指南以及包括大流感的医学常识、撤离程序、撤离地点、可利用工具、设施和设备等 11 个部分的实用应急知识囊括在内。在此次新冠肺炎疫情中，英国是少数快速对病毒开展特异性试验的国家之一；伦敦帝国理工学院迅速开展疫苗研制工作，流行病防范创新联盟（The Coalition for Epidemic Preparedness Innovations，CEPI）也加入到疫苗的研制队伍中。兰开斯特大学拥有一支专业防疫团队，密切监测新型冠状病毒的全球情况，为有需要的师生提供建议和指导，并定期发布世界卫生组织和英国公共卫生的最新动态。新加坡设立"疾病暴发应对系统（Disease Outbreak Response System Condition，DORSCON）"，2020 年 1 月 2 日晚，新加坡卫生部发布公告，通知医疗从业人员留意疑似新冠肺炎病毒感染者，并按照不同年龄设置定点接诊医院。新加坡各级各类学校按照政府的布置，实施全方位防护。新加坡辅仁国际学校劝导留学生春节期间留在新加坡过年；对于返回新加坡的学生，划出专用房间，并隔离 14 天；每天为学生测量两次体温。

## 四、综合防疫

发达国家政府不仅倡导"全危害"应急管理，其教育领域也是如此。既有专门防疫方案，也有综合性预案，形成包括突发疫情在内的所有突发事件应急能力。新加坡是典型案例。

鉴于特殊的地理位置和社会环境，新加坡政府把自然灾害、人为灾害、疾病灾害、战争及国际恐怖主义威胁作为一个整体防御战略，并在不同时期有不同的防御重点。例如在"9·11"后，新加坡把国际恐怖主义袭击作为首要的防御重点；在"非典"后，严密监视 SARS、"大流感"等全球性疾病灾害的疫情，疾病灾害的防御也被提升到高度戒备状态。综合性防疫主要体现在《社区安全与保安计划》，强化国民面临突发疫情及恐怖主义威胁等各类突发事件的应对能力，同时避免受灾后出现多元族群关系紧张的局面。《社区安全与保安计划》包括平时公众教育与训练的社区参与计划、紧急时期全民应急动员计划。该计划主要由新加坡内政部所属的移民与关卡局、中央肃毒局、刑事调查局、监狱管理局、民防部队、警察部队等 6 个职能机构负责分工实施。新加坡教育系统也参与其中，所有学校及教育机构等管理者在制定学校防疫预案时，将其与反恐及其他各类突发公共事件的应急管理整合在一起，进行"全危害"应急管理。新加坡国立大学、南洋理工大学等制定了"全危害"型的《危机应对行动预案——基础计划》，将影响学校"洪水、雷电伤害、交通事故、爆炸、有害物质的泄露、内乱、大规模停电、飞机失事和恐怖主义及其他危及国家安全的突发事件"等各类威胁与大学公共卫生安全因素全纳入危机管理的范围。在此次新冠肺炎疫情防控过程中，不少国家对中国留学生采取了严格入境管控，比如澳大利亚无法返校的中国学生高达 10 万人。而新加坡允许持有学生签证的中国留学生按计划返新，只需按照要求自行居家隔离 14 天(非湖北地区)。无疑,这与综合防疫提升了新加坡突发疫情的应急处置是分不开的。

美国康奈尔大学、明尼苏达大学双城主校和华盛顿大学等,不仅专门制定流行病应急计划,也制定了综合性的应急计划,实行"全危害"的应急管理。有的大学不仅制定学校的整体预案,而且还有部门预案。康奈尔大学 2011 年应急预案中,既有康奈尔大学总体应急计划,而且 17 个教学科研部门和 7 个行政管理部门都有具体的应对预案。英国大学对于校园意外伤害或紧急事件,进行系统的分类,主要包括各类事故、死亡、自然灾害、火灾、炸弹威胁、破坏活动、对人身安全的威胁、健康预警或流行病、危险品、公共安全事故、犯罪活动以及不正常行为等。针对这些容易发生的校园紧急事件,英国大学管理中形成了一整套应急体系,保证各个部门通力协作,高效妥善处理,将危害程度降至最低。日本高校的应急管理由学校的公共安全管理委员会整体负责。大学行政主管机关则要根据委员会的决议进行管理。安全管理委员会的职责是负责策划并制定基本计划和校园安全政策,设定学校安全的各项基准,对学校进行安全管理。一旦危机发生,所有人都必须按照规章制度采取应急行动,不能与之相悖。以东京大学为例,东京大学应急管理委员会负责制定学校突发事件应急预案,其下属的应急指挥部、保健管理委员会、校内交通对策委员会、生活委员会(包括调查分会)、性骚扰防止委员会(包括性骚扰心理商谈所和调查分会)、信息委员会(包括伦理分会)、放射性物质安全分会、安管会环境分会、安管会、防灾防火分会等具体负责突发事件的预防、应对和善后处理。

# 借鉴国外经验　建立健全国家教育应急管理"一案三制"的建议

吴晓山

## 内 容 提 要

国家教育应急管理体系包括"一案三制"(四大体系):应急法制(规则体系)、应急体制(组织体系)、应急机制(流程体系)、应急预案(行动体系)。总括为两大构成:应急管理法制体系与应急管理运行机制。其中法制体系是基石,是应急管理的出发点与依据,其完备程度直接决定应急管理的成效与效率;运行机制受限于法制体系,而法制真正落到实处则必依赖于运行机制。尽快建立健全国家教育应急管理"一案三制",全面改进创新教育应急管理体系,是完善国家应急管理体系的首要任务。唯有如此,才能使应急措施具有长效性,才能从根本上提升国家整体应急管理能力。

2020 年伊始,国内突发新冠肺炎疫情,凸显出应急管理存在的局部短板。借鉴国外经验,尽快建立健全国家教育应急管理体系是教育战"疫"的当务之急。

## 一、建立健全国家教育应急管理法制体系

《中华人民共和国突发事件应对法》(2007 年,以下简称《应对法》)是我国应急管理和突发事件应急处置的法律依据。针对各类突发公共安全事件,我国出台了一系列法律法规:《中华人民共和国安全生产法》对防止和减少生产安全事故作出系统性规定;《中华人民共和国传染病防治法》为传染病防治提供有力法治保障;但是针对教育应急管理的专门法律法规尚属空白。虽然《中华人民共和国义务教育法》《中华人民共和国未成年人保护法》《学校体育运动风险防控暂行办法》《学生伤害事故处理办法》《中小学幼儿园安全管理办法》、2014 年国务院教育督导委员会办公室发布《教育重大突发事件专项督导暂行办法》等法律法规和规范性文件对学校应急管理有所涉及。

纵观教育发达国家应急管理,完备的法规体系是最根本、最突出的特点:基于应急管理领域的基本法,结合教育基本法,针对不同应急类型,制定配套实施的教育应急管理法规或公共政策。

美国联邦层面有《联邦民防法》《灾难救济法》《突发事件规划与公众知情权法》《斯塔福法》《公共卫生安全与预防和应对生物恐怖主义法》《联邦应急计划》等,教育领域有《校园安全法》《校园、社会禁毒及安全法》《校园禁枪法》《改善校园环境法案》《危机计划的实用资料:学校和社区指南》等。英国基于《民事紧急状态法案》,结合《教育法案》,颁布《关于合法职权的健康与安全建议——面向地方政府、学校管理者、教职工和董事会》《教育信息表:学校事件报告》《关于学校旅行的常见问题》《突发事件和恶劣天气:学校及幼儿园》等公共政策。日本基于《灾害对策基本法》,结合《教育基本法》,颁布《学校安全法》《学校保健法》等有关教育应急管理的法律法规。

建议:第一,尽快出台《校园安全法》。《校园安全法》主要内容包括:总则、校园安全管理体系规定,校园常态化管理制度规定,校园突发事件应急管理制度、权利救济制度、责任监督制度规定。第二,尽快建立健全教育领域各类应急处置相应法规政策。建立健全其配套法律法规,制定各类应急管理法制政策,细化权责、程序、等级与标准。据此,要求各级教育行政部门以及各级各类学校,从实际情况出发,完善教育应急管理法规及体制机制建设,形成系统化、立体化的全国教育应急管理法制体系。

## 二、建立健全国家教育应急管理组织体系

教育应急管理,地方人民政府、教育行政部门和学校有涉教应急事件的管理处置权。纵观教育发达国家应急管理组织体系,

其均自上而下地组建专门的应急管理组织:即"中央政府指导、地方政府负责、学校执行"的基本组织架构。美国教育应急管理组织体系呈纵向分布,实行"联邦-州-县-学区/学校"。联邦一级的管理机构——紧急事态管理局(FEMA)——为常设专门机构。英国教育应急管理组织体系,没有专门的应急管理常设机构,最高机构是国家安全委员会(NSC);日常工作则是由内阁突发事务办公室(CCS)处理,国会立法规范、中央政府及职能部门指导、地方当局监管、学校全面负责、教职工和学生参与的教育应急管理职责体系。日本自中央到都道府县,再到市町村,都建立了应急组织系统,对教育应急管理负责;每一层级定期召开危机应急管理会议。

根据国家及教育应急管理组织体系现状,从实际出发借鉴国外经验,本研究提出建立健全国家教育应急管理组织体系的建议(见图 2-1)。

第一,在现有国家应急组织体系下,构建教育应急管理组织体系。

第二,管理机构:教育部相关司局(领导机构,承担重要应急管理职责)→教育部应急管理小组(应急管理办公室,指挥机构)→教育厅/局应急管理小组(应急管理办公室,指导与负责机构)→各级各类学校应急管理小组(应急管理办公室,具体负责机构)。形成"教育部—教育厅/局—学校"三级管理体系。

第三,协调机构:全国教育应急管理伦理委员会(教育部直属机构),发挥社会主义制度优势,弘扬社会主义核心价值观,根据国情特设置此机构。平时开展应急宣教,编制教育应急演练训练

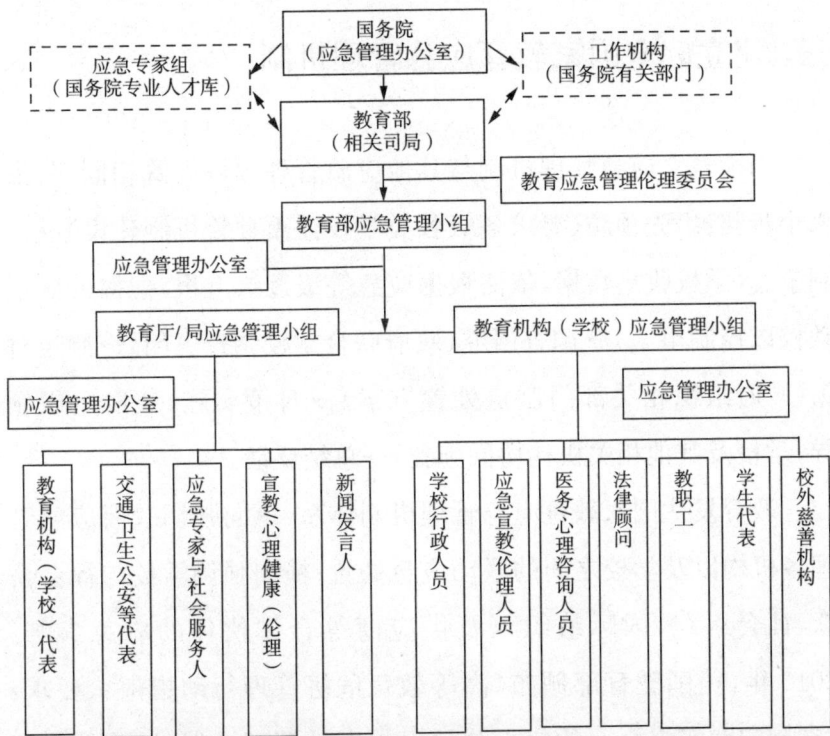

图 2-1    教育应急管理组织体系

方案;应急处置过程中提供操作伦理方案;恢复阶段提供受损评估与心理重建方案。

第四,地方及学校应急小组,除应急专业领域内人员外,要充分调动社会公众参与应急管理的积极性。教育行政部门作为教育应急指导与职能机构,应设立应急处置新闻发言人制度,保障应急信息的公开透明。同时,学校作为应急管理的主要承担者,应鼓励校外有关专业机构参与,发挥其在应急过程中的救助功能,同时帮助提升学校应急管理能力。

## 三、建立健全国家教育应急管理机制

当前教育应急管理机制与其他应急管理领域大致相同,分为六个步骤:事先预防(要求各级各类学校注重预警机制建设)→控制事态(学校收集数据,依法根据应急等级逐级上报,把握处置主动权以控制事态)→调查研究(政府联合学校调查事因)→制定对策(政府组织相关部门制定处置方案)→对策实施(政府组织领导,学校及其他相关机构协同施救)→总结反馈。

教育发达国家教育应急管理机制体系:纵向强调政府应急管理各机构以及学校之间的联动应急处置;横向强调学校与社会公众、社会组织、国际组织以及供应商等合作伙伴的应急参与。2010 年,美国教育部颁布《高等教育危机管理行动指南》,要求:"在制定和实施全面的突发公共卫生事件管理计划时,确保各高校与公共(政府)机构、民间非营利性组织以及私人团体横向的协作,以期在法律的实施、防火安全、国土安全、突发公共卫生事件的医疗服务方面得到卫生及心理卫生机构、媒体和志愿者组织的支持。"英国政府提出,应急处置"不仅仅是政府的责任,整个国家的应对预案应该是将各级政府和政府以外的机构、组织和社团的应对计划全部整合在内而形成一个(有机的)应对体系"。一旦教育领域应急事件发生,则通过各方协作联动处置,以有力的措施和快速反应把紧急事件造成的危害降到最低限度。日本公共安全管理委员会统一负责制定校园应急管理基本计划和校园安全具体制度,通过设定具体的校园安全的指标来管理和评价校园安全;47 个都道府县和 3000 余个市町村均签订了互援协议。

　　从实际出发,借鉴国外经验,本研究提出建立健全教育应急管理机制的建议(见图 2-2)。基本逻辑:控制事态→调查研究→制定对策→对策实施→总结反馈。其内在逻辑与既有机制一致,但是应急管理机制的科学与否,不仅在于逻辑,而且更加在于高效。机构完备,权责清晰,流程畅通,联动有效,从而反应迅速、对策科学、实施有效,反馈精准,是为"高效"的保障。

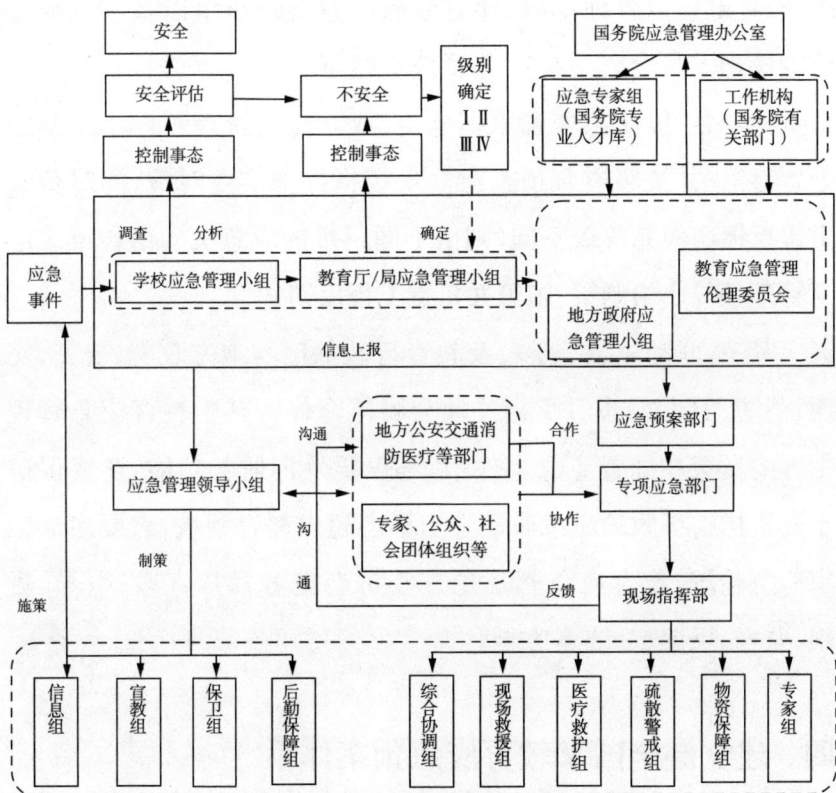

图 2-2　教育应急管理机制体系

　　第一,基本流程。非重大应急,一般由学校及所在地教育厅/局负责以及相关部门共同协作,快速防控事态。如果事件超出处置能力范围,需要其他部门协作时,立刻向上级汇报,按照应急预案马上启动更高级别处置机制。如果事态特别重大,则需按最高级别上报国务院应急办公室。

　　第二,机构权责。不同等级的应急事件由不同机构承担处置职责,核心机构:学校应急管理小组、教育行政部门应急管理小组、教育部应急管理小组、地方政府应急管理小组以及教育应急管理伦理委员会。学校应急管理小组承担对应急信息收集与评估责任,对一般应急处置承担全责,成立应急管理领导小组制定处置对策;并按照应急预案建立现场指挥部实施对策;同时负责上报反馈。应急等级不同,则由不同层级的应急机构组合成立应急管理领导小组制策、施策并负责上报反馈。

　　其三,联动应急。学校及教育行政部门与地方政府、公安、交通、消防、卫生等部门及相关社会团体合作。其中教育应急管理伦理委员会在处置应急事件中,不仅要发挥监督功能,还要促进不同机构组织间的应急联动。当事态超出教育领域,需要启动国家应急系统,教育应急管理伦理委员会充分发挥宣教、引导、凝聚、监督、反馈、总结等功能。

## 四、建立健全国家教育应急预案体系

　　应急预案是应急管理的行动依据。教育部于 2005 年制定颁发《教育系统突发公共事件应急预案》。2006 年,国务院实施《国家突发公共事件总体应急预案》(以下简称《总体应急预案》)。2007 年,我国颁布《中华人民共和国突发事件应对法》,作为一切突发事件应急处置的总则。2014 年,我国教育部所属督导委员会办公室颁发通知《教育重大突发事件专项督导暂行办法》。

美、英、日等国应急管理组织体系,均将教育领域应急预案归纳到国家总体预案体系中,同时教育领域在国家预案框架下制定具体应急预案。其特点是,强调应急事件的集中有序管理,强调应急事件的预防有效管理,强调应急预案的宣传管理。美国联邦预案体系包括《国家应急准备指导方针》(NPG)、《国家事故管理系统》(NIMS)、《国家应急响应框架》(NRF)、《国家基础设施保护预案》(NIPP)以及 17 个联邦部门分别编制的保护主要设施的部门预案等一系列联邦文件。NIMS 将突发事件分为五级,各级政府和非政府机构、企业和公私营组织提供全国一致的应急规范。其中教育领域的应急预案,要求地方教育行政部门以及学校承担"第一应对者"的角色,明确规定其责任、义务和有效资源利用等。联邦教育部要求:所有学校应制定适合"每所校舍"的安全计划。美国教育领域应急预案的门类比较齐全,甚至"细化到针对单个教学楼"。美国各级各类学校应急预案一般分为六个步骤:建立编制团队(不同专业领域协作)→分析现状→确定行动方向和目标→预案的设计→预案的准备、评估与审批→预案的执行与管理(培训、演习、修订)。同时注重应急预案的宣传,保证每位师生都有一份"应急预案指导手册"。

从我国实际出发,借鉴国外经验,尽快建立健全国家教育应急预案体系,应抓好以下关键环节。

第一,明确目标。教育部主管司局及地方教育行政部门应根据《国家突发公共事件总体应急预案》的要求,针对教育系统突发事件,全面科学制定、修订全国和各地教育系统突发公共事件应急预案,对教育系统应急组织体系,预防和预警机制,应急预案启动与各类突发性事件的处置做出具体安排,并按照预案的要求进行培训和演练;要求各级各类学校结合本校实际编制应对教育系统各类突发公共事件的应急预案。

第二,整体优化。不仅要提升单一应急预案的实用性,也要优化应急预案体系的内在结构,提升应急预案体系的整体绩效。突出可持续性,应根据风险的变化、资源的流动和管理部门自身的改革而不断修订完善,应急预案体系不是越复杂越好,单项应急预案的必要性和应急预案体系的规模取决于特定风险的科学预测性。

第三,主要建议。首先,建立健全应急预案管理制度(见图 2 - 3):通过应急预案管理,规范应急预案编制和修订程序,将预警管理、应急处置、善后处理、恢复重建、应急管理的评价、反馈与改进等一系列环节纳入预案编制、修订的法定程序。预案的完善程度在一定程度上标志着教育行政部门和学校的应急管理能力。其次,建立健全风险资源数据库:编制教育领域内不同类型应急资源数据库,主要包括应急资源的类型、数量、属性、存放位置等信息;同时将不同类型应急资源数据库合并,形成专项预案应急资源数据库;而后将各专项预案应急资源数据库合并、重新分类,形成属地应急资源分类数据库。再次,加强应急预案实战演习:各级各类学校应定期开展突发事件应急演习,培养师生危机意识,提升师生应急能力。并结合实战演习中遇到的问题,聘请专家开展讨论,及时修改、完善应急预案。

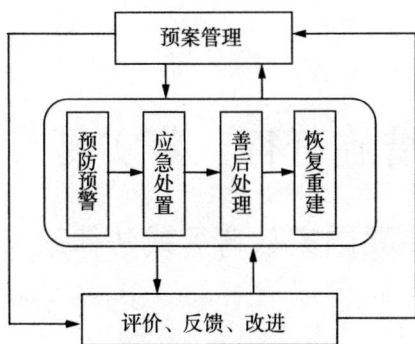

**图 2 - 3　预案管理**

# 措施可行　落实易行

## ——世界主要国家教育惩戒法律政策特点述析

吴晓山

## 内 容 提 要

纵观国外教育法律法规,世界主要国家均将教育惩戒权视为必要的教育手段;制定有关教育惩戒的法律政策,并对体罚做出明确、严格的规定。从教育惩戒的立法及其规则的制定、执行、监督、救济等方面,综合分析英美等世界主要国家教育惩戒法律政策,撮要举凡,具体可归纳为五个方面:教育惩戒的合法化、惩戒规则的合理化、惩戒程序的规范化、惩戒监督的机制化、惩戒救济的多元化。

　　纵观世界各国教育法律法规,世界主要国家均将教育惩戒权作为"赏识"的对立统一面加以肯定,视之为必要的教育手段。从教育惩戒的立法及其规则的制定、执行、监督、救济等方面,综合分析美国、英国、加拿大、澳大利亚、俄罗斯、乌克兰、日本、韩国、新加坡等世界主要国家教育惩戒法律政策,去粗取精,撮要举凡,从中可以看出"措施可行,落实易行"的特点,具体可归纳为五个方面:教育惩戒的合法化、惩戒规则的合理化、惩戒程序的规范化、惩戒监督的机制化、惩戒救济的多元化。

## 一、教育惩戒的合法化

　　教师惩戒权的行使必须以国家法律法规为出发点,而且教师惩戒权理论体系的构建也离不开相关法律的支持。

　　英国《2006 年教育与督学法》(*Education and Inspections Act 2006*)增加了"教师惩戒的法定权力",教师可以对校园内外行为失范的学生进行合法的惩戒。由于该法律仅有几项诸如阻止学生闹事、留校、没收手机等规定,对于其他情况下教师惩戒权未做规定。因此,在综合《2002 年教育法》《2006 年教育与督学法》《2008 年学校信息条例(英格兰)》《2010 年(独立学校标准)(英格兰)教育管理条例》《2010 年平等法》等法律法规与公共政策的基础上,2014 年英国教育部出台《学校中的行为与纪律:给校长和教师的建议》(*Behaviour and Discipline in Schools: Advice for head teachers and school staff*;2016 年修订,以下简称《行为与纪律》),明确赋予校长和教师教育惩戒权:"本指南由教育部制定,目的是为各校校长和教职人员提供有关完善学校纪律政策的建议,说明教职人员有权惩戒学生。"阐明目的:"该文件概述了学校教职人员的各项权利和职责,同样也帮助学校在学生管理方面取得最佳的实际效果。"

美国、加拿大、澳大利亚、日本、新加坡、韩国等国都通过立法明确教育惩戒权。美国作为联邦制国家,各州立法机构具有教育惩戒法律的立法权,在不违背联邦法律的前提下,各州自行为教育惩戒立法。美国 50 个州中,23 个州有中小学教育惩戒法律,允许教师依法惩戒。加拿大《刑法》第 43 条规定:家长、教师或监护人使用体罚的方式教育孩子,只要合理、适度,就不属侵权。南澳大利亚州制定《纪律管理及纪律》明确了教育惩戒权。日本有《学校教育法》及《学校教育法实施细则》(以下简称《实施细则》)等法律规章。《实施细则》总则第 11 条规定:"校长和教师,根据教育需要,可按照文部科学省的相关规定,对学生进行惩戒,但不允许体罚。"新加坡教育部制定《处理学生纪律问题的指导原则》(以下简称《指导原则》),指出,新加坡所有中小学可以对违法违规学生实施处罚。韩国教育人力资源部出台《学校生活规定预示案》,规定教育惩戒的对象包括小学四年级以上的小学生及所有初、高中学生;对违反学校纪律的学生,教师可在规定范围内实施惩戒。

## 二、惩戒规则的合理化

惩戒规则的合理化，是教育惩戒实施与产生实效的基础。英国《行为与纪律》具体内容共计 43 条，详列教师惩戒形式，包括口头训斥、布置额外作业、布置书面任务、取消休息时间、留校、社区服务、定期报告、休学以及开除等九类惩戒形式。明确"刀具、武器、酒精、毒品、偷窃物品、烟草和卷烟纸、烟花、色情图片"等为校园"零容忍"违禁物品。同时，对留校、隔离、使用武力等惩戒则详细解释实施过程中的注意事项，如"学校要确保学生接受隔离的时间不能超过规定的时间，并且要确保学生尽可能利用隔离期做一些有益的事情。学校还应该保证学生有时间吃饭或上洗手间。"对教育惩戒进行细化，划分惩戒的不同等级与轻重程度。特别强调，所有惩罚行为都必须合理："在任何情况下，体罚都是违法的。"（第 17 条）学生犯错误后，会按照规定实施相应的惩罚，同时又以"注意事项"为辅，合法与合理有机结合，确保教育惩戒有效实施。

美国各州相关教育惩戒法律政策在惩戒规则方面具有一定相似性。归纳起来，按惩戒轻重程度可分为一般违规惩戒与重大违规惩戒。一般违规惩戒：1. 口头警告或训斥；2. 家长会议或电话；3. 剥夺学生学校正常教学活动之外的，与学生受教育权无直接联系的某种权利；4. 午餐时间禁闭；5. 学校留校；6. 学业制裁。重大违规惩戒：1. 短期停学，给予学生逐出学校 10 天以内的处分；2. 长期停学，命令一再违犯校规或违犯重大校规的学生不得上学(时间多为一季或一学期或一学年),包括退学处分;3. 惩戒性转学,强令学生转至学区内另一所学校;4. 在家教育,当学校认为学生可能危害自己或他人时,强令学生停学并在家中进行教育。美国多数州立法禁止教师体罚学生,不过也有一些州法律规章明确指出:出于教育目的的合理体罚是教师惩戒权的一部分,如新罕布什尔州与缅因州。但是,因为体罚与故意的侵权行为在形式上难以区分,所以在法律规章上对体罚进行诸多具体的限定,同时教师执行"体罚"时也十分谨慎。

俄语国家对体罚和惩戒的概念界定十分明确,如俄罗斯、乌克兰等。在俄语中"体罚"一词为 наказание,是动词 наказать 的动名词表现形式,表示遭受酷刑和巨大的损失。"惩戒"一词则为 дисциплина,表示领导者对追随者的指示和规范。因此惩戒的核心含义更多地包括了警戒、戒除、告诫的基本思想。2012 年,俄罗斯颁布《俄罗斯邦新教育法》第 43 条第 4、5、6 和 7 款,对于不执行或违反教育机构章程、规章制度、住宿制度和其他内部条例的学生,教育机构可予以批评、警告和开除处罚。同时又明确禁止体罚学生。第 34 条第 1 款规定学生尊严受到尊重,人格不受侮辱,不受任何形式的身体和心理暴力,生命和健康得到保护。第 43 条第 3 款规定,教育机构的基本原则应建立在尊重学生和教育工作者人格的基础上。不允许对学生施加身体和心理上的暴力行为;第 48 条第 1 款第 3 项规定,教育工作者必须尊重学生和其他教育关系参与者的声誉和尊严。乌克兰《教育法》第 54 条第 2 款第 6 项规定,教育工作者应尊重教育过程中所有参与者的尊严、权利、自由和合法利益。第 54 条第 2 款第 11 项规定,教育工作者应保障受教育者在教育过程中不受任何形式的身心暴力、尊严侮辱和基于任何理由的歧视。

日、新、韩等国对教育惩戒规则制订得非常详细,划分惩戒的不同等级与轻重程度。学生犯错误后,会按照规定实施相应的惩罚,除批评、警告、写检讨等惩戒形式外,还有罚站、放学后留校、参加社区服务以及停学等形式。日本教育惩戒行为有 6 种:1. 放学后罚学生留在教室;2. 上课中,让学生在教室内起立;3. 交给学生学习任务或清扫任务;4. 增加学生的值日次数;5. 课上随意走动的学生,被罚静坐;6. 日常训练迟到的学生,禁其上场比赛。在新加坡与韩国,对于严重违规的学生,则会采用鞭打或戒尺惩罚。新加坡《指导原则》针对那些严重违法乱纪、屡教不改、影响恶劣的学生,如打架、抽烟、有流氓行为、破坏公物等的学生,可以实施"鞭打"惩戒。也有学校实行记分制,学生每次违纪犯错都要记分,分数达到一定程度,就会被鞭打。在鞭打前校长会找学生谈话,还会通知家长,征求家长意见,家长不同意就会换用其他惩戒方法。鞭打分为 3 种:私下鞭打、教室鞭打以及公开鞭打。其中私下鞭打是鞭打中最常见的,违纪学生一般在办公室被鞭打;教室鞭打是在教室当着全班学生的面进行鞭打;而公开鞭打就是在全校学生面前进行鞭打,一般在学校礼堂举行。鞭打有详细规定,如鞭打次数、鞭打部位等。鞭打一般由学校校长、副校长或训导员来完成,也可以由家长完成。法律规定被鞭打的对象年龄一般是 6—19 岁的男生,鞭打时,可用软垫或书本将学生腰部保护起来,鞭打后还要对其进行心理辅导。

## 三、惩戒程序的规范化

惩戒程序的规范化,既保证了教育者公平合理地实施惩戒权,又保障了学生合法权益。

"正当法律程序"(Due process of Law),源于美国联邦宪法第 14 条修正案"非经正当法律程序,不得剥夺任何人的生命、自由和财产"。这一原则被引入教育惩戒中,成为其核心原则。正当法律程序,是一个没有明确界定的概念,也没有固定适用范围,其内容根据具体事件或情景而确定。可以分为实体性正当法律程序(substantive due process)和程序性正当法律程序(procedural due process)。这是实施教育惩戒的两个必备要件,缺一不可。

1. 实体性正当法律程序,关注的重点在于教育惩戒权所实施的依据,即法律规章、校纪校规等是否公平合理。根据实体性正当法律程序,实施教育惩戒必须符合以下要求:(1)依法实施惩戒,即实施惩戒的理由必须具有法定性。(2)学生拥有被告知权。学生在被惩戒之前,事先清楚自己的违纪违规行为将会受到何种教育惩戒。(3)惩戒措施与违纪行为相对应。必须将学生的违纪违规行为性质及其程度,对应所制定的行为准则实施惩戒,即惩戒措施与学生行为相匹配。(4)惩戒的本质是合理性范围之内的教育行为。

2. 程序性正当法律程序,即法律的实施必须通过一系列的步骤来实现。美国最高法院认为,学校对学生的退学、停学惩戒,应该符合以下正当程序要件:(1)将学生的违纪事项,将要接受的惩戒措施通知学生及学生的监护人,且必须是正式的书面通知。(2)学校的通知中应当包括作出处分的教师名字,以及其他做处分的行政人员的名字;校方必须列出实质性证据才能对学生进行惩戒。(3)校方应举行听证会,并且学生及其监护人有权利出席听证会;学生一方有充分的权利提出自我辩解及证据,双方可以在听证会上进行争辩。(4)在惩戒期过后,学生有权回到学校继续就读。

　　英国《行为与纪律》对不同类型、程度的惩戒规则实施程序,制定了相应的程序,当确定学生有不良行为时,可根据纪律政策、规范程序实施惩戒。特别对留校、没收违禁物品、使用体罚、隔离等较为严重的惩戒形式,有着详细具体的实施程序。以"留校"为例,学校必须要向学生和家长说明留校是一种惩戒措施(包括放学后让学生留校),对非在校时间的留校惩戒提出"学校的教职人员不应在已知留校会危害学生健康的情况下依然坚持让学生留校"。学生留校必须告知家长;同时强调执行留校措施的教职人员应该考虑:留校是否有可能将学生置于危险之中;学生是否已经知晓关怀责任。新加坡的《指导原则》规定"学校纪律委员会"的职责:1. 细化纪律,制定学生管理细则;2. 维持学校纪律;3. 规范纪律处分的措施与步骤;4. 审查严重违纪个案,包括停学、开除学籍或体罚等;5. 跟家长及时沟通,告知学生纪律要求,并寻求家长合作以维持学校的纪律;6. 跟校外组织,如警方、内政部、社会发展部、社会服务组织以及自助团体建立联系。

## 四、惩戒监督的机制化

英国《教育与督学法》第 93 条第 4 款规定:"不授权教师对学生作《1996 年行政法规》第 548 条所载的体罚。"《行为与纪律》第 12 条规定:"根据《2010 年平等法》,纪律政策要确保,学校在安全措施和尊重有特殊教育需求学生方面的法定职责。"第 14 条规定:"惩罚不得违反任何其他的法律(如尊重残疾人、特殊教育需求、种族及其他平等和人权方面的法律)。"同时,《行为与纪律》第 9 条规定:"家长参与。《2015 年儿童第一法案》附录 16 第 2 条开始生效后,学校将不再具有制定家庭学校协议的法定义务。学校和家庭的关系尤为重要,但是学校能够决定如何以最佳的方式培养家校关系。学校可以选择采取自愿的方式签订家校协议。"第 10 条,强调在完善纪律政策的过程中,校长应采取以下十项措施:1. 采取一致的方法来管理学生;2. 要有强大的领导能力;3. 课堂管理;4. 奖励和惩罚;5. 纪律策略和良好纪律教导;6. 职工发展和支持;7. 学生支持系统;8. 与家长或监护人以及其他机构合作;9. 把握学生的过渡期;10. 管理组织和设施。法案指出,"如果能够在这些方面行之有效,将有助于提高学生的纪律素质"。同时强调"纪律政策要承认,学校在安全措施和尊重有特殊教育需求学生方面具有法定职责"。

南澳大利亚《公立学校纪律管理及纪律》规定"停课"处罚:"在停课期间会召开一次会议,讨论停课原因并商议学生发展计划。参加会议人员包括:学生、学校校长或其代表、父母或监护人,还可包括:由父母邀请的家庭支持人员(如大家庭成员或社会工作者)、直接参与的其他人员(如教师或辅导员)、其他可能提供帮助的人士(如翻译人员)。"新加坡《指导原则》明确指出,所有中小学校可以对违法违规学生实施处罚;并且提出五项具体限定:1. 由训育主任及正副校长和负责辅导的教师(也可加入一至两名教师)建立学校纪律委员会,校长不必请示教育部即可开除学生;2. 以数据化方式记录各校违纪问题并作系统化分析;3. 允许授权教师(当事教师除外)鞭打违纪学生;4. 警方协助校方对付滋事分子及少年罪犯;5. 社会发展部调派辅导员协助教育滋事分子。日本《学校教育法》规定,教师虽然有权对学生加以惩戒,但不得体罚;如果教师实施了体罚,根据公务员法要追究其相应的刑事或民事上的法律责任。

## 五、惩戒救济的多元化

在美国,由学校主管或学区委员会委员发起听证的案件,学生可向学区全委会上诉。如不接受全委会作出的初始决定,要向州教育委员会上诉。同时,如果教育惩戒权实施主体不接受学生上诉后的判决,也可逐级上诉。既保证学校与教师教育惩戒权的合规合法实施,又保障学生的正当合法权益。宾夕法尼亚州学校纪律规定:"如学生在正式听证会后被开除,可以向当地法院提出上诉,并尽快咨询律师在被开除后 30 天内提出上诉。但如果放弃了听证会,而孩子被开除,则不能上诉。"若学生遭到了非法的或者过分的停学或者开除处置,那么学生及其监护人则有权要求学校恢复原状。并且,在认定原有教育惩戒行为非法后,学校及教师无权因此扣除学生的学分或者影响学生的成绩,并要在第一时间消除学生档案中非法处理的记录,避免影响学生今后的发展。加拿大安大略省政府《教育惩戒规定》规定"申诉":家长须在学生被停学 20 天内提出申诉。学校董事会、理事委员会可以代表学校董事会做出开除决定。学生和其家长有机会在听证会上进行解释。南澳大利亚《公立学校纪律管理及纪律》规定"问题和申诉":"开除前召开会议概述学校开除的程序。应学生、家长或监护人的要求,学生、家长、监护人可对开除提出申诉。市民可基于以下理由提出申诉:没有遵循正当程序、不合适的停课时长、不适当的开除条件。"

日、新、韩三国在规范教育惩戒权的同时,制定有较为完备的教育惩戒权救济制度。在日本,教育委员会为了把握体罚情况,可以要求校长直接进行报告,也可以在日常教学过程中主动掌握情况。对于疑似体罚的案件,不仅要听取教师报告,也要听取学生、家长的事实阐述,必要时候借助第三方辨明事实。若判定为体罚,依据学校教育法的规定,学校及教育行政管理部门须严肃处理涉事教师。校长须对教师提出要求,一旦体罚学生或目击其他教师体罚学生须立即向管理层报告,以完善了解体罚事实的机制。此外,若接到教师、学生或家长体罚或疑似体罚的报告,应立即向相关教师、学生或家长了解情况,掌握事实。若实施体罚,校长要亲自对该教师进行指导,制定防止再次发生的策略,并向教育委员会报告。教育委员会和学校要设置服务窗口,接受学生或家长的体罚投诉、咨询等。新加坡各级各类学校,必须设立学生法律援助办公室,目的在于解答、援助教育惩戒过程中出现的所有问题和弱势方。必要时,援助中心设立第一责任人制度,即援助中心某位老师,在确认该纠纷为校园体罚事件时,从接手该案之日起,到整个案件结束,所有的问询资料、证据材料等均由这位老师负责。如果该援助中心的老师,无法独立完成纠纷调解,可以以援助中心的名义向上级行政部门递交书面材料(包括具体事件的惩戒事由、方式、程度),为受戒方寻求法律援助。

## 六、借鉴

如何发挥教育惩戒的积极效应与合理价值,是我国教育领域坚持依法治教、依法治校、依法执教的根本方针,实现教育治理体系和治理能力现代化,必须认真审视的重大问题。2019 年 11 月,教育部发布《中小学教师实施教育惩戒规则(征求意见稿)》(以下简称《意见稿》)是对此作出的积极有效回应,如何使其更加完善,借鉴参考国外经验显得十分必要。

(一)"高度",立法确立教育惩戒权。研究国外教师惩戒权不难发现,教师惩戒权都有法律法规的支撑。2009 年,我国出台的《中小学班主任工作规定》第 16 条:"班主任在日常教育教学管理中,有采取适当方式对学生进行批评教育的权利。"其中"批评教育"内涵较窄;2016 年教育部等九部委出台《关于防治中小学欺凌和暴力的指导意见》第 6 条即"强化教育惩戒威慑作用",这是官方规范性文件中首次明确这一法律概念。但这仅局限于应对"欺凌和暴力"问题。2019 年教育部发布《意见稿》第 3 条对"教育惩戒"

进行了界定:指教师和学校在教育教学过程和管理中基于教育目的与需要,对违规违纪、言行失范的学生进行制止、管束或者以特定方式予以纠正,使学生引以为戒,认识和改正错误的职务行为。明确"教育惩戒是教师履行教育教学职责的必要手段和法定职权"。但要达到"治本",仍亟待更高层级的立法。从立法"高度"来看,有两个方面值得思考。第一,在《教育法》《义务教育法》及《教师法》等教育部门法中,对教育惩戒权进行确定,并明确基本原则以及界定"惩戒"与"体罚"。第二,出台《教育惩戒规则》,以此辅助教育部门法,共同构建教育惩戒的法治体系。

(二)"尺度",细化教育惩戒规则。教育惩戒的根本目的在于教育,教育性应始终成为学校和教师实施教育惩戒的出发点和落脚点。以这一教育目的为前提,遵循学生成长规律,尊重学生合法权益,制定合理的惩戒规则。国外制定教育惩戒规则经验可以为此提供参考。《意见稿》第 5 条明确了"实施原则",第 6 条至第 9 条明确了教育惩戒的四种情况:一般惩戒、较重惩戒、严重惩戒、强制措施四个层级,对学生违纪失范程度进行了划分,并制定了相应的惩戒规则,这不仅规范了教育惩戒权的实施,也为学校制定校纪校规提供了原则指导。第 13 条提出了"禁止情形",以此明确"惩戒"与"体罚"的区别。但是总体而言,规则数量偏少;一些规则仍有宣示之嫌,具体可行性有待加强,如第 12 条。同时,对于体罚的界定仍需进一步细化,对"禁止情形"应该更加详尽具体。对比世界主要国家教育惩戒细则,既具有共性,但其中的差异更值得思考。如何协调学校、教师的合法惩戒权和学生、家长的合法权益,需进一步细化实施规则,实现无遗漏、全覆盖、系统性、立体化,确保实现惩戒的积极教育目的。

（三）"效度"，有效实现惩戒的教育目的。合理实施教育惩戒权,发挥惩戒的教育价值,防止惩戒异化。国外教育惩戒实施的规范化及其监督机制值得参考。从程序角度而言,《意见稿》虽然对惩戒类型与程度进行了区分,但是对不同的惩戒方式并没有配置相应的实施程序,或者过于简单化。进一步制定规范实施程序是完善《意见稿》的重要任务之一。应当坚持合法合理、程序正当的基本原则,以相对应的严谨程序保障公正实施,一定要避免重错轻罚、轻错重罚、无错也罚以及体罚等不公平、不公正、不合法的现象。实施过程中,也要根据具体情况,在公开、第三方见证或者私密、仅限特定人员在场的情况下保障学生的名誉权、隐私权等,维护学生尊严。根据惩戒的严重程度,应该在实施之前（而非惩戒之后）,通知学生及家长、学校主管领导等,听取各方意见,从而保证惩戒的正当性。从监督机制而言,必须坚持"有权必有责、用权需担责"的基本法理与法治理念。《意见稿》第 11 条"校规执行"、第 14 条"教师权责"、第 15 条"家长责任"以及第 19 条"指导监督"等内容,明确了各主体责权,强调了教师实施教育惩戒,因意外或者学生本人因素导致学生身心造成损害的,学校不得据此给予教师处分或者其他不利处理。同时,对违反规则的教师,视情节轻重进行相应担责;对因重大过失导致学生身体伤害的,学校承担相关赔偿等责任后,可以向教师追偿。总体而言,教师责任需要进一步细化,如有责任全面理解学生,预防其不当行为的发生;家长应该具有更多的权益,如对于严重惩戒应该具有事先知情权等。其中有些内容可行性不强,如第 19 条。另外,相关外部监督的内容涉及较少。当惩戒失当,实施体罚超出法定授权范围,侵犯学生合法权益时,教师应该承担相应的民事侵权赔偿责任,违反教育行政法律法规则必须承担相应的行政违法责任;构成犯罪的则必须承担相应的刑事责任。因此,如何从司法实践角度,完善教育惩戒监督机制,仍需要做一步思考。

(四)"调度",从事后的角度利用救济渠道调整惩戒不当。当教育惩戒权的行使出现偏差,危及到学生的合法权益时,就必须有效地找出救济存在的缺陷并不断完善。国外教育惩戒救济多元化的特点值得借鉴。《意见稿》第 17 条"校内申诉":"学校应当成立由学校相关负责人、教师、学生以及家长委员会、法治副校长等校外有关方面代表组成的学生申诉委员会,受理学生的申诉申请,组织复查。学校应当明确学生申诉委员会的人员构成、受理范围及处理程序等并向学生及家长公布。"第 18 条"救济途径":"学生或者家长对学生申诉处理决定不服的,可以向学校主管教育部门申请复核。"明确了两条救济途径:校内申诉与主管教育部门复核。这保证了教育惩戒的"完整性",但是对于"校内申诉"具体涉及的内容仍需要进一步明确,如对于申诉期限、申诉材料等。同时,这局限于教育行政领域,未规定涉事利益方的行政诉讼等司法救济渠道,应该进一步完善。当教育惩戒严重侵犯学生的合法权益,损害学生身心健康,对学生产生重大不利影响时,根据《宪法》《教育法》《义务教育法》《行政诉讼法》以及《行政复议法》等法律规定,应按照法律程序,依法保证学生和家长(监护人)等的教育惩戒申诉权、行政诉讼权以及行政复议权等合法权益。保障对学生私权利的救济,在教育法律规定与教育实践领域实现协调统一,实现学校内部申诉机制与外部救济机制的相辅相成,不仅可以化解教育惩戒权滥用的风险,而且构建外部惩戒救济机制,可以对教育惩戒权进行规制与约束,防止教育惩戒权力的泛化与过度化。

第 4 期

# 借鉴国外经验
# 以"学术宪法"引领学术评价创新

吴晓山

## 内 容 提 要

遵循学术研究的客观规律,加快推进学术研究原创性发展,加快推进学术研究服务国家重大战略需求,本报告提出制定"学术宪法",引领学术评价体制机制创新。同时,根据国情,借鉴教育发达国家成熟做法与经验,就创新学术评价法规体系、程序机制、组织体系以及违规惩戒等方面,提出对策性建议。

2018 年,中共中央办公厅和国务院办公厅《关于深化项目评审、人才评价、机构评估改革的意见》,2019 年,中共中央办公厅和国务院办公厅《关于进一步弘扬科学家精神加强作风和学风建设的意见》,2020 年,科技部会同财政部《关于破除科技评价中"唯论文"不良导向的若干措施(试行)》,教育部与科技部《关于规范高等学校 SCI 论文相关指标使用树立正确评价导向的若干意见》等一系列学术评价改革的政策文件密集出台。为贯彻落实上述文件精神,从实际出发,借鉴教育发达国家成熟做法与经验,改革创新学术评价体系,提出以下对策性建议。

## 一、以"学术宪法"为基础,创新学术评价体系

学术评价规则的法制化,是创新学术评价体系的目标。当前我国涉及学术评价的法律与规章较多,主要有《高等教育法》《学位条例》《学位条例暂行实施办法》《教师法》《教师资格条例》《教师资格条例实施办法》《教学成果奖励条例》《教师和教育工作者奖励规定》《高等学校科学研究优秀成果奖(科学技术)奖励办法》《高等学校科学研究优秀成果奖(人文社会科学)奖励办法》《高等学校哲学社会科学研究学术规范(试行)》《教育部关于严肃处理高等学校学术不端行为的通知》《国务院学位委员会关于在学位

授予工作中加强学术道德和学术规范建设的意见》《教育部、新闻出版总署关于进一步推进高校出版社改革与发展的意见》等。涉及项目申报、机构评估、成果奖励、人才聘任、学位授予、期刊规范以及防范学术评价违规等方面,但也存在一些薄弱环节,第一,未建立统一的学术规范法规(总则);第二,相关法律规章尚待完善或未能及时进行修订(如《学位条例》);第三,法律规章的不健全,导致司法难以介入学术评价争端。

学术评价法制化是世界主要国家学术评价活动的基本特征。20 世纪 80 年代中期,日本提出关于学术评价的基本目标,编制了学术评价指南等;20 世纪 90 年代以来,相继颁布《关于对所有国家研究开发项目实施统一评价的大纲性指南》《关于国家研究开发评价大纲性指南》《关于行政机构实施政策评价的法律》《大学设置基准法》《学校教育法》等一系列法律与规章,开始全面实施学术评价法制化。日本中央政府省厅、国立研究机构、大学等均负有开展研究开发评价、政策评价、机构评价的法定义务。政府主管部门、大学、资金分配机构等依法设立评价部门,开展本领域的机构评价、人员评价、政策评价等业务,与第三方评价机构相辅相成,形成了在法律与规章框架下的多位一体的学术评价体系。这种顶层制度设计为日本学术评价事业的发展奠定了制度基础。2017 年,英国颁布《高等教育与科研法案》(*Higher Education and Research Bill*),规范高等教育开展科研活动及学术评价流程;美国制定《政府绩效与结果法案》(*Government Performance and Result Act*,GPRA),把财政拨款与科研工作绩效联系起来,加强对联邦政府支持项目的规划与管理;澳大利亚联邦政府发布

《科研质量框架》(*Research Quality Framework*，RQF)，建构了成果质量框架，规范学术性评价。

　　评价规则必须先于实施评价法定化确立，因此，提高学术评价机制法制化成为必然选择。据此提出建议：第一，制订"学术宪法"(学术研究与实践规范总则)，统领与协调各领域各类型学术评价，发挥学术指引、评价、教育、预测和规范等作用。其主要内容：学术研究目的、学术研究及其评价主体(自评、同行评价、第三方评价)、学术评价实施阶段(评前、评中、评后及其跟踪)、学术评价方法(量化与质性评价)、学术评价结果处理及反馈等。第二，由教育部、科技部牵头，联合中宣部、财政部等相关部委及中科院、工程院等，以"学术宪法"为基础，完善既有学术评价法律规章，健全分类评价规则，以法律法规和部门规章形式颁布实施。第三，高校及科研院所等实体单位，从实际出发，建立健全分类评价规章制度，从而构建以"学术宪法"为基础的系统化、立体化的学术评价法制规章体系(见图 4 - 1)，将法律法规与规章覆盖学术

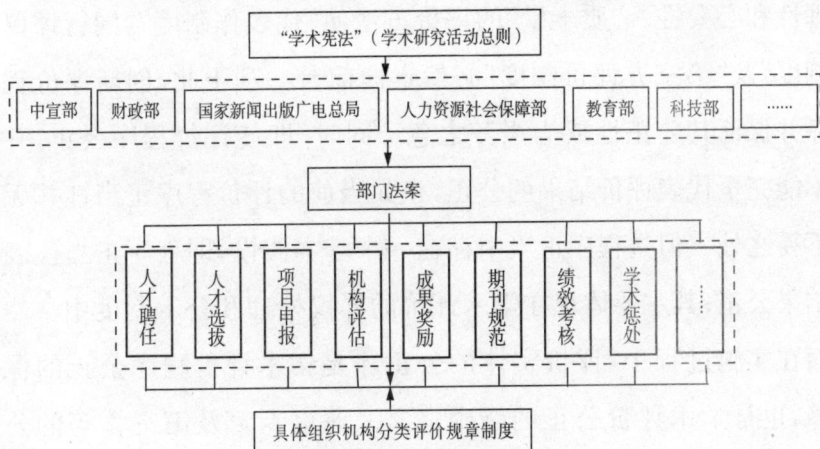

图 4 - 1　学术评价法制规章体系

评价各领域各层级各个环节的全过程,同时,每个环节都有其严格的标准与要求,让每位参与者,在项目申报、机构评估、成果奖励、人才聘任、学位授予、期刊规范及防范学术评价违规过程中,服从于法定规则,依程序行事。

## 二、以"学术宪法"为准绳,创新学术评价程序机制

2020 年 2 月,科技部、教育部出台《关于破除科技评价中"唯论文"不良导向的若干措施(试行)》《关于规范高等学校 SCI 论文相关指标使用 树立正确评价导向的若干意见》,旨在突破评价中"数量至上""期刊为王"的困境。这意味着评价体系的重大转变,即从注重"量"转向"质+量",文件表述为"鼓励定性与定量相结合的综合评价方式"。这也表明破"五唯"的实际所指在"破唯",即不能以其为"唯一"衡量标准,而并非完全摒弃,避免矫枉过正,"数量"及"期刊"等影响因子在学术评价过程中仍有其存在的合理性和必要性。"质+量"的评价方法使"代表作制度""同行评议制度"及"第三方评价制度"必然走向前台。基于此,创新评价程序并保证其公正性成为当务之急。同时,即使评价程序公正,并不能完全代表评价结果的公正,正如当前的评价程序正当性并无不妥之处。但是程序正当中存在一个基本假设,即程序正当代表结果公正;其主要体现在学术评价的异议处理和公示制度中。然而在实施过程中,评价实体的公正才是学术评价程序公正的保障,也是学术评价公正的题中之义。评审专家及第三方等的公正,才能保障程序公正实际落地,以确保评价结果的公正。除此

之外,同行评价本身存在缺陷:第一,无法确保公正评价创新性成果,因为同行评价存在"用旧知识来评价新知识"的路径依赖;第二,评价与被评价者之间的利益冲突关系,制约评价结果的公正性;第三,评价者评价过程中的学术偏好也影响评价结果,因为较短的时间内作出公正、准确的判断并非易事。正因如此,第三方评价就显得极为必要。然而,第三方评价存在与同行评价一样的缺陷。因此,规则公正、方法科学、程序正当的基础上,还必须由评审"专家"的公正来确保,才能让规则、方法、程序得以落地生效。

美国已建立相对成熟的规范与制度,美国国家科学基金会,不仅对同行评议的组织、评议人选择、评议结果审核、申请人申诉强化管理,同时制定了评议人和其他相关人员的基本职责和规范。与此同时,设立了多渠道监督和多层次制度化评估,保证同行评议的公正性。为处理各种学术违规现象,美国政府和大学成立了专门机构负责处理,并制定了相应的惩戒措施。澳大利亚研究理事会(ARC)负责管理科学研究和研究教育项目计划。该组织特别重视同行评议专家评审意见的反馈,同行意见反馈已经贯穿同行评议的各个过程。同行评审程序:同领域评审专家选择标准,利用定性及定量指标评审学术论著;划分科研等级或撰写评语;对科学论著进行引证分析;公布评价;若大众对评审结果有疑问,专家应答疑解惑。

可见,学术评价程序必须强调学术评价信息公开、学术评价双向反馈与学术评价行为规范等环节的设置,以及各个环节规章制度的构建。以"学术宪法"为准绳,创新学术评价程序,保证评

价程序和评价实体的公正才能保障评价结果的公正。据此,提出
以下五点建议(最终保障以评价程序公正实现评价结果的公正,
如图 4 - 2)。

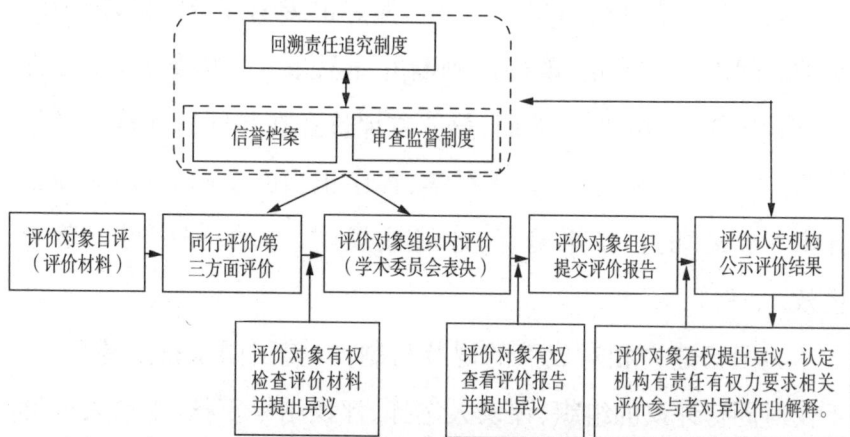

**图 4 - 2  学术评价基本程序机制**

第一,完善评价结果公示信息发布制度。在公示评价结果的
同时,将学术评价程序的每个进程、每个步骤和决定以公开透明
的方式公布于众,一并公示如下信息:学术评价原则、评审程序以
及其他评价细则;同行专家或第三方评价结果;同行专家名单、第
三方机构名称;被评价对象的基本信息等。只有实现学术评价程
序过程信息公开,才能破解暗箱操作。同时,也是被评价对象对
学术评价结果提出异议的基本依据,可以有效减少被评价对象为
获取学术评价信息所付出的成本和代价,维护学术尊严和被评价
对象维权的基本权益。

第二,建立健全双向评审结果反馈机制。提高被评价对象在
学术评价体系中的话语权,增加被评价对象对同行专家或第三方
评价结果的反馈环节。评价结束后,管理部门要及时向被评价对

象详细地反馈评价意见、结论及理由等,允许被评价对象查看评价结果的(如分数及其排名)原始评价材料等,尤其对于同行专家或第三方评价的意见和排序差别明显或悬殊的对象,要给出明确、充足的评判理由。

第三,建立健全评价前、评价中、评价后的利益冲突审查和监督制度。评价专家公正的最高境界是评价结果体现最大的合理性和公正性。同行评价制度本身难以避免的漏洞,只有依赖于审查和监督机制的健全与完善,要从学术评价管理部门的工作人员和评审专家两个层面,规范其在可能发生利益交叉各个环节中的行为。通过举报制度、评价监督制度等,对学术评价过程进行监督,形成全程监督、自我约束机制,将整个执行过程做到信息公开,实现最大程度上的评价结果公正。

第四,建立学术评价专家评审工作信誉档案。将专家评审工作信誉档案作为学术评价专家数据库建设的一个重要组成部分;将学术评价专家的工作次数、评议结果、推荐对象的成功率、所涉及的利益冲突行为、被评价对象申诉与复议的个案等进行跟踪记录,定期进行专家评审绩效评估;将评估结果直接关联其学术声誉、学术诚信乃至学术工作,并作为管理部门遴选评审专家、激励优秀评审专家、改进学术评价运行的依据,促进良性学术评价生态形成。

第五,建立回溯和责任追究制度。程序正当强调的是过程公正、形式公正,其价值内涵主要包括程序的参与性、中立性、及时性和确定性等,具体表现在调查取证制度、听证制度、事先通知制度、信息公开制度、查阅制度、说明理由制度、告知制度、辩论和质证制度等。建立回溯制度旨在确保学术评价管理部门能够对有重大异议的学术评价进行回溯分析,对原始评价的产生机制、评价内容、主客观环境等进行分析。从起点开始,能够按顺序考察导致评价失误的原因、问题的性质、失误的程度等,追究评审专家的渎职行为。建立责任追究制度,是指被评价对象因为学术评价管理机构或人员违反法定程序、正当程序原则行使权力,致使其合法权益受到影响,有权向法院起诉,法院应予受理,作出裁判。按照司法审查中的正当程序原则,司法要为学术评价的结果公正提供程序上的规则和保障。

## 三、以"学术宪法"为根本,创新学术评价组织体制

组织体系是保障学术评价活动的组织保证。《关于深化项目评审、人才评价、机构评估改革的意见》提出:加强政府部门、用人单位、学术共同体、第三方评估机构等各类评价主体间的相互配合和协同联动,强化"三评"之间的统筹协调。但是,目前学术评价组织体系存在诸多问题,这也是导致既有学术规则在实施过程出现异化的主要原因之一。

英、美、日及澳大利亚等教育发达国家的一些做法值得借鉴。英国高等教育和科研项目办公室,是负责学术评价的政府职能部门。另外,政府委托独立第三方机构"英国高等教育基金委员会(HEFCE)"传达政府要求、反映大学愿望,并同时接受政府、大学和社会的监督;这种通过政府委托中介机构进行评价的方式,能够避免一些人为因素的干扰。美国政府出资的科研项目评估,表

现为政府拿钱,委托科研机构代理评估。联邦政府主要通过制定公共政策、收集评价信息、审查鉴定机构资格、研究经费投入等方式来提高评价质量。联邦政府的项目评审主要通过同行专家评议方式进行;各种评估主要由民间认证机构负责,以体现评价的中立性和公正性。日本既有中央省厅主导的政策评价机构,也有政府色彩较为强烈的独立法人评价机构;既有项目资金分配机构,也有大学等从事学术活动的主体。这些主体开展的评价均以立法形式予以规范,形成评价的长效机制。以大学评价为例,第三方评价机构就有 10 余家,均按照《学校教育法》等规定制定各自的评价指标体系。澳大利亚研究理事会(ARC)是国家就业、教育与培训委员会(NBEET)的重要组成部分,其职责是管理科学研究和研究教育项目计划。澳大利亚人文社科的最高评价机构是澳大利亚社会科学院(ASSA)。澳洲国立大学科研评价与政策项目组(REPP)是澳大利亚权威性的学术评价中心和领先的定量分析研究中心,科研绩效和学术研究结构的定量分析是其研究的焦点领域。REPP 系统分析评估各学科领域的科研水平,对澳大利亚高校的研究和科研实力进行评估,并向政府提交政策建议。

借鉴国外经验,以"学术宪法"为根本,革新学术评价组织体制,以支撑学术评价的科学性、客观性。因此,本研究提出以下建议,以建立健全国家、学术行业、高校和科研院所的学术评价组织体系。

第一,国家和学术行业应建立各级学术评价监督机构。教育部与科技部分别建立相关直属机构,即"研究与实践促进委员会",分别负责社会科学与自然科学的学术研究与实践活动,包括承担国家学术不端惩戒(含评价违规)权责;独立行使学术评价职能。监督职责是监督学术机构的学术活动、学术评价过程是否符合规定;监督科研管理部门的工作流程是否合理;监督学术组织能否独立行使职权。

第二,建立健全学术评价中介机构。"学术评价中介机构(第三方)"是对学术评价组织体系十分必要的补充,成立学术评价中介机构,可使政府相关管理部门超脱于日常事务,提高效率,通过政策制定,规定中介机构的义务和责任,加强其资格审查与监督管理(由学术研究促进委员会负责),具体学术评价可委托中介机构执行,以客观公正地实施学术评价。

第三,高校和科研院所等组织机构应健全学术委员会。建立"学术委员会/教授委员会"或"学术纪律委员会";使其成为行使学术权力、开展学术评价的基层组织,并承担单位学术不端惩戒(含评价违规)权责。因此,必须发挥"学术委员会/教授委员会"或"学术纪律委员会"的学术监督职能。其由多学科专家组成,并应明确学术责任和职责,能正确独立行使学术权力,组织开展各种学术活动,避免成为行政权力的附属品。

## 四、以"学术宪法"为归旨,创新评价违规惩戒机制

学术评价违规惩戒机制是学术评价制度的组成部分,在上述三个方面均包括相关违规的防范与惩戒内容,但基于当前学术不端现象的严重性,以及学术惩戒机制在学术评价制度中具有一定

的相对独立性,因此有必要对其进行专门阐释。尽管《高等学校哲学社会科学研究学术规范(试行)》《教育部关于严肃处理高等学校学术不端行为的通知》《国务院学位委员会关于在学位授予工作中加强学术道德和学术规范建设的意见》《教育部、新闻出版总署关于进一步推进高校出版社改革与发展的意见》等诸多文件中提出不少相关学术惩戒举措,但仍有一定缺陷。《关于深化项目评审、人才评价、机构评估改革的意见》提出:建设完善严重失信行为记录信息系统,对纳入系统的严重失信行为责任主体实行"一票否决",一定期限、一定范围内禁止其获得政府奖励和申报政府科技项目等。当前人情在学术评价中的渗透是不容否认的现实,"学缘、业缘、地缘"等形成"同一学术圈子",在评价过程中彼此关照。同时,"许多由政府机构控制的评审项目,无论立项还是奖励,举凡专家的遴选,评议对象的选定,评议程序的安排,评议结果的确定、公布和选用,全由管理部门一手操控"。这导致学术评价公信力受到严重质疑,已到必须"出狠招、下猛药"以根除的时候。

英、美、日及澳大利亚等发达国家,无一不将严厉的惩戒机制作为保障学术评价公正、营造良好学术环境的坚强后盾。其中尤以澳大利亚值得借鉴。澳大利亚联邦政府建立国家科研资助与管理机构,制定学术诚信法律规范、构建学术问题行为处理制度框架。首先,成立专门的学术诚信制度建设与管理机构,如澳大利亚研究理事会(ARC)、澳大利亚国家卫生与健康研究理事会(NHMRC)、澳大利亚诚信委员会(ARIC)。这些机构制定的一些学术行为规范对澳大利亚全国范围内的科研行为都具有约束力,在一定程度上规范和指导着澳大利亚各类研究组织和学术团体。其次,制定学术诚信规章,包括《NHMRC/AVCC 关于科研实践联合声明与规范》(*Joint NHMRC/AVCC statement and guidelines on research practice*,1997)和《澳大利亚负责任研究行为准则》(*The Australian Code for the Responsible Conduct of Research*,2007),鼓励和倡导研究机构与研究人员诚信、负责任的研究行为,构建学术评价问题行为处理制度框架,界定科研工作的不正当行为,明确不正当行为处理程序。

以"学术宪法"为归旨,从实际出发,借鉴国外经验,建构集教育、预防、监督和惩治于一体的评价违规防范机制(见图 4 - 3)。

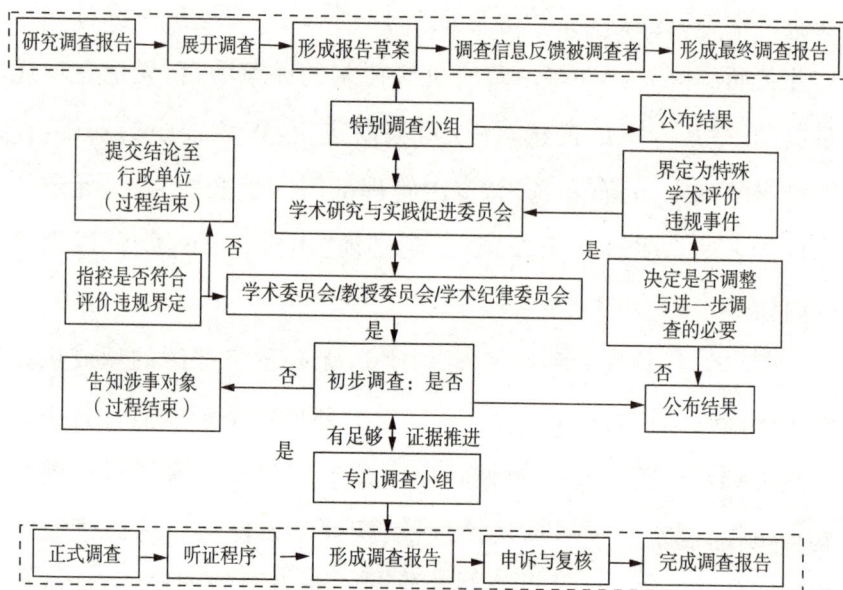

图 4 - 3　学术评价违规处理机制

第一,明确惩戒执行主体及职权。**在国家层面**,赋权社会科学/自然科学研究与实践促进委员会惩戒学术评价违规行为,明确界定学术评价违规行为,监督违规行为惩戒法律、政策的实施。有关机构可结合自身特点制定相应规范,解决当前调查主体缺位的问题;此外,还可减少违规行为调查中的扯皮推诿现象,提高工作效率。**在具体组织机构层面**,依照国家法律法规及社会科学/自然科学研究与实践促进委员会的惩戒规则,赋权学术委员会/教授委员会等学术共同体制定自己的学术规范和惩戒规则,惩戒评价违规行为。其在各高校及科研单位是调查处理违规行为的基本主体。为了保证调查的中立性和权威性,学术委员会/教授委员会等应该组建专业调查小组,除具有专业素质的调查员外,还要聘请各个学科领域的专家、法律专家作为顾问,以保证调查活动的科学性、公正性、权威性和合法性。

第二,建立、完善学术评价违规惩戒程序。其主要流程:**立案受理**(惩戒程序的启动有两种方式:一是学术评价行为监督惩戒机构行使职权开始,当事者的学术评价违规行为危及公共利益、国家利益时,惩戒职权机构有权立案调查。二是以相关对象的申请为开始,包括有关当事人的匿名举报)→**初步调查**(包括访谈涉案对象、收集信息,以确定支持指控的证据的性质。如果初步调查的结果表明已经发生了违规行为,惩戒机构将开展彻底调查)→**正式调查**(包括对实验和其他数据进行广泛评议,对研究涉及的所有当事人进行访谈等)→**听证程序**(经调查取证,认定指控的学术评价违规行为属实时,应通知被认定有违规行为的对象,并告知其有要求举行听证的权利)→**决定程序**(最终报告需要描述调查的对象和内容、调查获得的相关证据及其来源、调查结论和依据,以及处理意见,对于那些属实的指控,负责人决定对被举报者的处罚)→**申诉与复查**(对于委员会的处理结果,如果当事者认为有程序上的错误或出示了新的有实质性意义的证据,或者认为处理结果违法或不当,可向委员会所属组织提出申诉,要求重新调查)→**向社会公布处罚结果**(学术评价违规行为不仅侵犯了某个人的权益,也对整个学术健康发展造成损害,因此应接受媒体、公众的监督惩戒)。

第三,明确学术评价违规的主要法律责任形式。根据我国相关法律与规章,学术评价违规惩戒的责任形式可分为四种,即行政法责任、劳动法责任、民法责任、刑法责任。但其中存在的问题也十分明显,主要体现在三个方面:一是责任形式规定的法律效力层次较低;二是惩戒形式不统一;三是需要和上位法律保持协调。正因如此,本报告"创新学术评价法律规章体系"部分提出了出台统一的"学术宪法"以及具体的规章。以明确、细化"公开道歉、终止项目资助,追缴项目经费、撤销各种荣誉称号、限制项目申报和成果评审、开除公职、移交司法机关处理"等学术评价违规行为的主要法律责任形式。

## 五、结语

本研究以制订"学术宪法"为核心,引领学术评价体制机制创新。同时借鉴教育发达国家的成熟做法与经验,从学术评价法律规章体系、评价程序及相关规范制度、评价组织体系、惩戒机制等四个方面提出具体建议,简单总结如图 4 - 4。

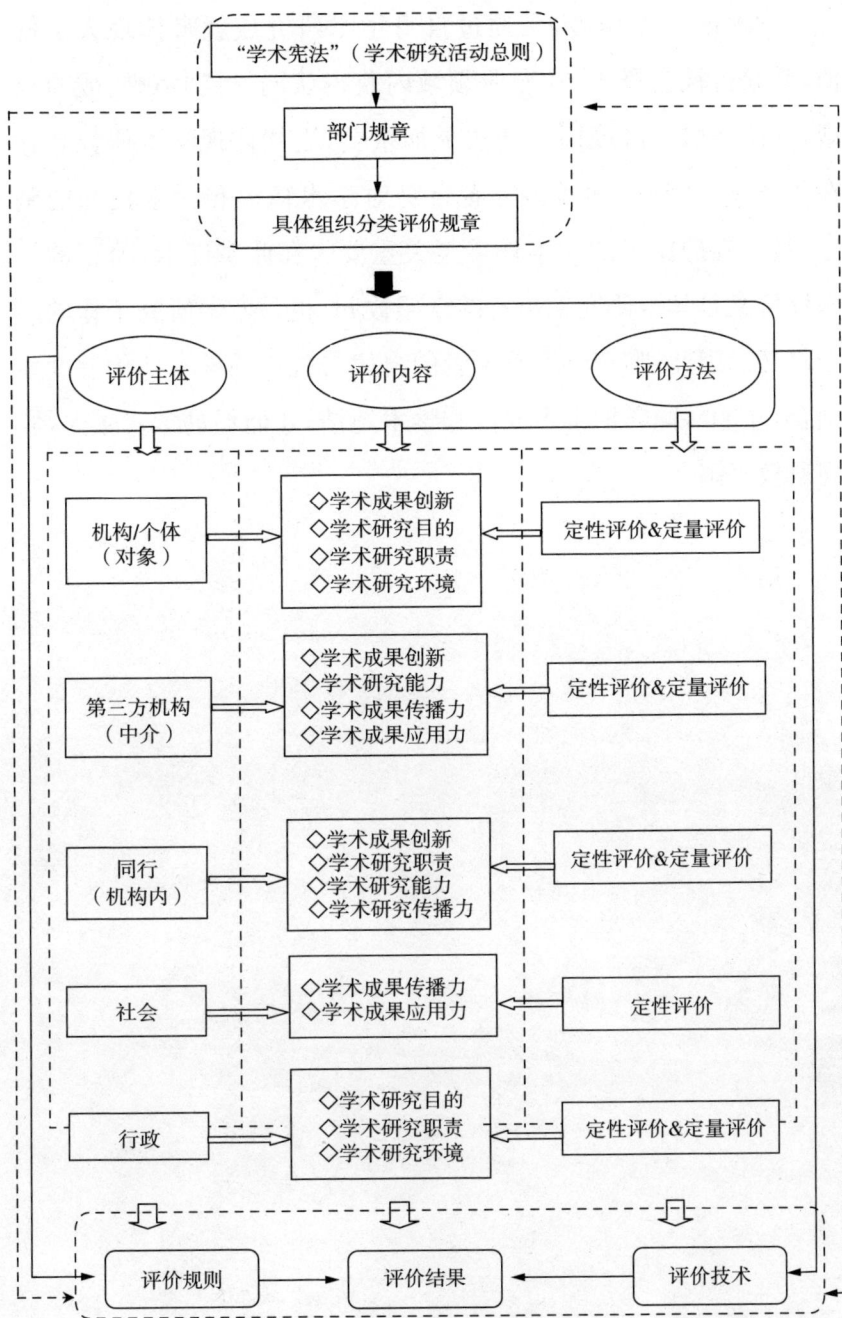

图 4-4　学术评价制度基本模型

学术研究工作者,是通过自身学术研究成就来体现人生价值,并获得社会资本,在专业领域内获得认同、得到声誉、成为权威,这比获取经济或商业利益更加重要,更能体现学术研究者存在的意义。因此,学术研究者自身对学术精神和学术良知的坚守,对于维护良好的学术环境至关重要。在此基础上,公正的学术评价又是学术研究工作者的众望攸归,也是学术研究工作的题中之义。因此,唯有学术研究者的自律与公正的学术评价制度相结合,才能共同守护学术规范和学术纯洁,才能促进学术繁荣,实现科教兴国。

# 澳大利亚多元文化语言教育政策探微

世界教育法治研究课题组

## 内 容 提 要

语言是人际沟通、互动的工具,多元文化需要通过语言来沟通。澳大利亚提倡多元文化语言教育政策,源于处理大量移民来到澳大利亚所产生的问题。在语言学习方面,除重视英语学习外,澳大利亚把第二外语纳入国民教育体系,让学生增加语言学习机会,丰富多元文化的观念。

澳大利亚是一个由来自不同背景的多民族移民所组成的国家,早期澳大利亚采取《白澳政策》(*White Australia Policy*),排斥有色人种进入澳大利亚社会。随着多元文化兴起,澳大利亚开始实行多元文化政策,这是对国内多元民族文化的认可和保护。实行多元文化移民政策,使澳大利亚吸引来自世界各地大量的移民,多元文化背景移民人力资源,为澳大利亚经济社会发展做出了贡献,也丰富了澳大利亚文化多元性。

## 一、澳大利亚多元文化语言教育的发展与现状

### (一) 多元文化语言教育的发展

澳大利亚多元文化教育与语言政策的发展息息相关,一般分为三个时期:开国至 20 世纪 70 年代中叶的同化时期,70 年代中叶开始的多元文化时期,80 年代中叶开始的经济理性主义时期。

**1. 同化时期(Assimilation Phase):开国至 20 世纪 70 年代中叶**

澳大利亚语言政策受英国移民白澳至上主义政策的影响,实施单一语言政策(monolingualism),主张社会同化,构造文化同质性社会。除英语外,其他语言均遭到忽视。澳大利亚鼓励外来移

民和土著放弃母语,融入单一英语社会。

**2. 多元文化时期(Multi-culturalism Phase):20 世纪 70 年代中叶**

自 20 世纪 70 年代起,人权运动与后现代思潮兴起,澳大利亚开始重视多元文化。1987 年,《国家语言政策》(*National Policy on Languages*,NPL)白皮书表示,每个澳大利亚人均有权利掌握英语、学一种非英语的族群语言且有权利保有第一语言。

**3. 理性主义时期(Economic Rationalism Phase):20 世纪 80 年代中期至今**

1991 年,澳大利亚就业部(DEET)颁布《澳大利亚语言与识字政策》(*The Australian Languages and Literacy Policy*,ALLP),延续《国家语言政策》。1999 年 5 月,就业部发布《多元文化澳大利亚的新议程》(*A New Agenda for Multicultural Australia*),包括多元文化政策的市民责任、尊重文化、社会公平和生产多样性四个方面。2003 年 5 月,澳大利亚政府提出了 2003—2006 年的新策略方向《多元文化的澳大利亚:多元的统合》(*Multicultural Australia:United in Diversity*),以全民有责、尊重他人、全民平等及全民受惠等四个原则作为多元文化政策的基础。

澳大利亚政府重视社区关系和谐发展,实施了《社区和谐计划》(*Community Harmony*),把每年 3 月 21 日定为"和谐日"(Harmony Day),以促进澳大利亚多元文化社会里不同文化和民族背景的人们重视彼此之间的尊重、友好和认识,反对种族主义。由此可见,自 1987 年《国家语言政策》被确立为澳大利亚的基础国策以来,其坚持多元文化政策,致力于保护和开发文化多样性,努力促进社会和谐、宽容和开放，强调所有澳大利亚人应从中获得益处。

根据澳大利亚统计局发表的 2001 年人口普查数据显示，澳大利亚有 23％公民出生于海外。另外，有 20％儿童的父母至少有一人出生于海外。目前，澳大利亚大约有两百种语言，充分展现了人口、语言上多元的特性。其中华人占 55 万，属第五大族群，且汉语已经成为英语之外的第一大语言，取代了 1996 年人口普查中意大利语的位置。2003 年，教育、就业、训练及青年事务部长会议（Ministerial Council on Education, Employment, Training and Youth Affairs, MCEETYA）指出，澳大利亚学校语言教育报告显示：学校教授 146 种语言，包括 103 种语言（含 68 种澳大利亚本土方言）在公立、天主教以及独立学校中传授；有 69 种语言在课后社区少数族裔学校教授。6 种语言在学校教育中最常见，与注册的学生来源（日本、意大利、印度尼西亚、法国、德国与中国）有关，超过 90％的语言学习者在上述六种语言中选择一门或多门语言学习。

在制度上，澳大利亚为联邦制。澳大利亚由六个州及两个领地组成，各州及领地具有半自治权，州与地区政府负责推展教育，联邦政府扮演资金提供和政策制定的合作者角色。澳大利亚负责管理入境与移民事项、执行多元文化之推展部门，原名为移民与多元文化事务部（Department of Immigration and Multicultural Affairs, DIMA）。自 2007 年 1 月 30 日起，移民与多元文化事务部更名为移民与公民部（Department of Immigrant and Citizenship, DIAC）。移民与公民部的主要任务为管理合法进入和停留在澳大利亚的人士,维持出入境的安全;另一重要任务是促进澳大利亚公民对多元文化价值的了解和欣赏,以及创造移民者公平参与社会的机会。

澳大利亚联邦教育部门为教育、科学及训练部(Department of Education, Science and Training, DEST),规划学校的语言教育计划,下设有原住民与转衔司(Indigenous & Transitions Group),负责澳大利亚原住民的教育事务以及其在教育和就业上的衔接、生涯发展等业务。另外,1993 年,为了有效协调政府各相关部会之间的政策,澳大利亚政府理事会(Council of Australian Governments )合并了一些政府部长理事会,成立了教育、就业、训练及青年事务部长会议,其成员为澳大利亚联邦及各州的教育主管,负责联络各阶段教育的事宜、提出跨部际会议议题和制定相关教育政策。

## (二) 多元文化语言教育之原则与策略

澳大利亚是文化和语言多元的社会,文化多元政策促进各族裔人士接纳多种文化,尊重不同文化背景的公民。2003 年 5 月,澳大利亚政府出台《多元文化的澳大利亚:多元的统合》(Multi-cultural Australia: United in Diversity),这是 1999 年 12 月《多元文化澳大利亚新议程》(A New Agenda for Multicultural Australia)的更新版。澳大利亚希望打造一个多元文化的国度,让社会更包容与开放;希望通过共享未来、国家承诺统合来达成文化多元的目标。该目标包括下列四项原则:

1. 全民有责(Responsibilities of All)。澳大利亚公民有责任

支持澳大利亚社会的基础结构与原则,确保自由和平等,促使多元文化蓬勃发展。2. 尊重他人(Respect for Each Person)。在法律的基础下,人人皆有自由表达自己文化和信仰的权利,并应以同样的心态去尊重别人和自己拥有的权利。3. 全民平等(Fairness for Each Person)。澳大利亚人拥有公平的待遇与机会。社会公平让人民勇于对社会、政治以及经济活动付出,免于因为种族、文化、宗教信仰、语言、地域、性别或是出生地的不同而产生的歧视问题。4. 全民受惠(Benefits for All)。澳大利亚人民都享受丰富的多元文化,亦即文化、社会与经济的多元都可能是形成人口组成多元的原因。可见多元文化对人民的影响深远。

除此之外,澳大利亚多元文化政策强调:增进社区和谐、确保政府服务与计划方案符合澳大利亚多元社会、全民促进多元文化的经贸利益。澳大利亚政府一系列多元文化支持方案(Multicultural Supporting Programmes)呼应澳大利亚的多元文化,期望同企业、政府机构、社区组织建立良好的伙伴关系。相关内容包括:1. 和谐共生方案(Living in Harmony),促使社区和谐、建立多样的人际关系,借助社区奖助学金方案,融入公共信息策略。2. 通路和公平策略(The Access and Equity Strategy),协助澳大利亚政府部门推行多元文化社会公共服务章程。该章程主要目的在于确保政府服务符合澳大利亚文化和语言多元的社会需求。3. 成立澳大利亚多元文化协调机构,负责政府部门对多元文化议题的咨询服务。4. 地方政府扮演推动地区性多元文化发展的重要角色,通过地方政府部门,在网上提供地方多元文化统计数据、个案研究资料和成立多元文化奖项等资源。5. 国家行动计划

(National Action Plan)，整合政府部门与社区力量，在全球化、宗教议题与政治激进主义高涨之际，保护国家安全与社会团结，使之免受威胁。

## 二、2005—2008 年澳大利亚学校语言教育国家计划

学习非英语语言（Language other than English，LOTE）是澳大利亚《21 世纪国家学校教育目标》（*National Goals Bar Schooling in the Twenty-first Century*）中八项主要的学习内容之一，持续地推动语言教育课程政策与计划，为所有州及地方教育单位的首要任务。

澳大利亚政府认为，年轻学子拥有语言技巧并认识多元文化，将有助于澳大利亚在全球化背景下的发展。借由学校语言方案（School Languages Programme，SLP）的推行，澳大利亚政府提供 1.1 亿美元资助州政府与地方教育机关，开展亚洲语言、欧洲语言、澳大利亚本土语言和澳大利亚手语（Auslan）四种学校语言教育，并重视社区的族语计划，提供教育与学习上的资助。

2005 年 3 月，州与地方政府、教育机构、学术界、教育学院院长、全国校长联盟、澳大利亚原住民和托雷斯海峡（Torres Strait）岛语联盟及相关领域的学者专家共同讨论并制定《2005—2008 年澳大利亚学校语言教育国家计划》（*National Plan for Languages Education in Australian Schools 2005—2008*），计划在此期间，让本土语言和其他的社区语言整合在一起。从 2005 年开始，把学校语言方案（SLP）经费的 5%（每年大约有 125 万澳元），拨给该计

划使用。

该计划宣言部分,阐述了语言教育的目的与本质,澳大利亚教育部对澳大利亚的所有学生、所有学校以及所有地区承诺,提供最优质的语言教育。澳大利亚公民能从语言的学习获得:1. 智慧、涵养与文化;2. 增进跨文化的沟通;3. 通过沟通与认识,促进社会和谐;4. 更进一步地延续社区中现有的语言与文化资源;5. 促进相关策略、经济与国际的发展;6. 增加就业机会并描绘发展愿景。

2003 年,教育、就业、训练及青年事务部长会议,指出语言方案面临的困难:1. 受过师资培育训练且合格的教师的匮乏;2. 在初等、中等以及其他教育阶段中,推行各级学校语言教育政策的阻力;3. 难以安排充分的授课时间;4. 尚需搭配其他的辅助方案;5. 尚需寻求资源和物力;6. 需要全部的学校承诺履行政策。

为了实现优质语言教育,澳大利亚教育部重视语言教育的质量(quality)以及语言教育资源的供给。在语言教育的质量方面,重视优质方案与优质教师的相辅相成、语言学习循序渐进的历程、完中(whole school)语言教育。在语言教育资源的供给方面,强调语言选择机会的均等;通过多元渠道,满足学习者的不同需求;尊重澳大利亚本土语言存在的事实。单靠学校体系不能满足语言学习者的需求,还需要通过以下三条渠道增加学生的选择:1. 加强学校体系、远程教育机构以及专门语言学校三者间的合作关系;2. 澳大利亚原住民语言教育教学,由学校和当地的社区建立伙伴关系,加以解决;3. 课后少数族裔语言学校课程。

2005—2008 年为期四年的澳大利亚学校语言教育国家计划,

设定以下四项目标：1. 制定语言教育的长远发展目标；2. 制定高质量与可持续发展方案；3. 促进国家、州与地方间语言教育资源整合；4. 借由个别的司法裁决（individual jurisdictions），提供多元语言教育资源。

该计划通过搜集和分析参与学生的资料，开发全国性样本评量程序（assessment processes），评估学生语言学习绩效。

## 三、国家方案（National Projects）

《国家方案》前身是《国家语文与算术策略计划方案》（*National Literacy and Numeracy Strategies and Projects Programme*），主要是资助各州和特区的公私立学校，希望大幅度地提高弱势群体学生语言学习成效，包括身心障碍（disability）、学习困难、非英语出生背景（LBOTE）、原住民或托雷斯海峡岛民（Torres Strait Islander）、低社会经济地位或偏远地区等学生。提供学校补助经费，援助弱势学生群体。该方案包括识字和算术介入计划、额外的专业学习辅导、为身心障碍及学习困难学生提供师资、提供提高学生学习成效的教学设备和相关资源。

2005—2008 年，澳大利亚政府投入约 18.73 亿澳元经费。澳大利亚联邦政府负责资助学校经费，拨款给各级各类公私立教育机构，同时也关注到许多学生的特殊需求：1. 根据 2001 年人口普查数据，38%的经费分配根据社会经济地位（SES）的分配机制；2. 按2001 年人口普查数据显示，28%的经费依据非英语语言背景（LBOTE）分配；3. 根据身心障碍学生的人数报告，8%的经费分配给身心障碍学生（SWD）；4.26％的经费依入学人数分配到公私立学校部门。《国家方案》目标是提供经费，寻求新的资助领域，作为优先对象，解决学生学习的困难，提高识字和算术能力，同时延伸到幼儿教育、发展信息和通信技术等方面的政策。国家方案由澳大利亚政府教育、科学及训练部负责。

根据《英语为第二语言的新移民方案》（*English as A Second Language-New Arrivals Programme*），澳大利亚政府提供经费给州和特区政府、各级各类教育机构，为中小学新移民学生提供强化的英语教学。2006 年，政府拨款给该类学生每人 5039 澳元。该方案包括：1. 改进全国课后少数族裔语言学校教育教学；2. 调查澳大利亚学校本土语言教学的实际状况；3. 调查澳大利亚学校语言教育的实际状况；4. 促进各地区学校语言学习全国性的合作；5. 考核语言教育师资的质量；6. 推行《21 世纪语言的教学与评量指导政策》；7. 为学校管理者提供专业的语言学习教育；8. 举办全国性语言教育研讨会。

## 四、多元文化语言教育与学习实施计划

实施《多元文化语言教育与学习实践计划》（*Intercultural Language Teaching and Learning in Practice*，ILTLP），培养认识与理解多元文化教育的师资。

南澳大利亚大学获选为实施该计划的大学。南澳大利亚大学语言与文化研究中心的托尼（L. Tony）与安吉拉（S. Angela）负责主持这项计划，并与悉尼大学、昆士兰科技大学以及澳大利亚

国立大学专家学者组成研究团队。

该计划的研究与发展,有助于多元文化语言教育建立长期方案、评估程序以及绩效考核标准,再把这些标准纳入该计划教育教学过程之中。

2007 年,《多元文化语言教育与学习实践计划》为澳大利亚学校中最广泛教授的中文、法语、德语、印尼语、意大利语以及日语等六种语言的教师举办征求意见会,了解一线语言教师需求,倾听他们的想法。《多元文化语言教育与学习实践计划》适用于教授所有语言课程的教师。

## 五、澳大利亚多元文化语言教育政策的特色

2004 年,澳大利亚高等教育外国学生比例就高达两成,为当时世界之冠。综合当代澳大利亚多元文化语言教育政策,发现其有以下特色。

### (一) 政策源于公平对待少数民族语言

自 1989 年起,多元文化政策即被确立为澳大利亚基本国策,并实行无论种族、肤色、信仰和血统,均免于受歧视的移民政策。对于原住民和托勒斯海峡人抱着和解的意识,承认他们曾遭受过严重的经济社会歧视。

澳大利亚多元文化语言教育政策主要围绕少数民族移民和弱势原住民在澳大利亚所遭遇的不平等待遇,以了解非英语移民及原住民的需要,竭力促进他们平等地参与澳大利亚社会为目

标。澳大利亚放弃社会同化之意识形态——《白澳政策》,顺应时代潮流,主张多元文化观。跨文化语言学习有助于学习者认识与理解周围的世界、帮助他们分辨共同性与差异性。借由在学习第二外语和接触其他语言的过程中,积极地培养多元文化观。如果学习者能够研究语言发展背景和传统演变,更可以强化其对国家的认同感。

## (二) 政策制定过程与实施多元化

多元文化语言教育政策实施强调通过多元渠道满足学习者需求,不仅学校提供多元文化语言课程,还结合企业、政府机构以及社区组织建立伙伴关系,并开展澳大利亚擅长的远程教育;以课后少数族裔语言学校课程,弥补正式课程的不足等。《国家方案》与《多元文化语言教育与学习实践计划》以资助学校为目标,特别强调师资培育与学生评量,从而提高学校的教学能力和学生的学习水平。

# 德国应用型科技大学博士学位授予权之争

高　露

## 内 容 提 要

　　德国应用型科技大学和研究型大学是两种不同类型的高校，前者聚焦于应用导向教学、培养高级应用型人才，后者以学术研究为主，着重培养学术型人才。原本分工明确的不同类型大学之间的界限越来越模糊，但博士学位授予权由研究型大学垄断，应用型科技大学只能通过与研究型大学合作培养博士生模式，授予博士学位。因此，博士授予权被视为研究型大学防守应用型科技大学进逼的"最后碉堡"。

2007 年，德国通过《大学基准法》(*Hochschulrahmengesetz*) 修订案，该法第 1 条规定，德国大专院校包括研究型大学 (Universität)、教育学院 (Pädagogische Hochschule)、艺术学院 (Kunsthochschule)、应用型科技大学 (Fachhochschule) 等。传统上，研究型大学与应用型科技大学是两种不同类型的高校，分别聚焦于学术型与应用型高级人才的培养。

## 一、应用型科技大学的发展与困境

自 19 世纪初洪堡创立柏林大学以来，德国研究型大学引领世界高等教育。20 世纪 60 年代，联邦德国完成战后恢复，经济社会发展进入发达资本主义阶段，急需大量高级应用型人才，应用型科技大学应运而生，遍布各州。

应用型科技大学前身为工程师学校 (Ingenieurschule) 与高级技术学校 (Höhere Fachschule)。应用型科技大学坚持其与研究型大学不同但等值的理念。在民众心目中，二者不仅类型不同，而且为不同层级的高校，有地位高低之别，特别是研究型大学教授认为应用型科技大学比其低一个层级，例如大学教授 (Universitäts professor) 仍为研究型大学教授独享称号。在德国，研究型大学 (Universität) 具有博士学位授予权，这所大学所有学科均可授予博士学位,然而应用型科技大学不具有博士学位授予权。应用型科技大学硕士生毕业后攻读博士学位,必须竞争申请研究型大学博士候选人资格。应用型科技大学与其他学校在地位上平等,毕业证书不再做任何加注。

应用型科技大学的学术水平与研究型大学差距明显。德国高等学校联合会( Der Deutsche Hochschulverband)主席肯彭(B. Kempen)指出,应用型科技大学学术能力不及研究型大学,贸然赋予其博士授予权具有风险,将会导致大学形象受损,最终导致德国高等教育体系坍塌。寻找博士指导教授时,应用型科技大学毕业生遭遇困难。应用型科技大学毕业生还有应用型科技大学与研究型大学合作博士生培养模式。目前,德国仅下萨克森州(Niedersachsen)与萨克森-安哈特州(Sachsen-Anhalt)没有这样的制度安排。

巴登·符腾堡州修正大学法案加入一项实验性条款(Experimentierklausel),在应用型科技大学联盟框架内,通过规定期限与具体课题方式,赋予应用型科技大学杰出教授指导博士生资格。该州成立一个虚拟研究生院,吸纳各学术研究领域杰出教授,从而保障博士生培养质量。黑森州也做出类似规定,赋予应用型科技大学学术水平高的专业博士学位授予权,并在该州各应用型科技大学合作框架下实施。

在赋予应用型科技大学博士授予权的议题上,萨克斯州(Sachsen)《大学自由法》第40条第2项规定,研究型大学与应用型科技大学的毕业生身份平等;第40条第1项规定,博士授予权依然为研究型大学所独有。在招收博士生时,大学必须平等对待研究型大学与应用型科技大学的毕业生。

应用型科技大学毕业生攻读博士学位受制于研究型大学,应用型科技大学与研究型大学的实质性合作的成效,依赖于研究型大学的合作意愿。应用型科技大学毕业生欲攻读博士学位人数不断增长,应用型科技大学越来越多地寻求国外合作高校,越来越多的应用型科技大学毕业生负笈国外攻读博士学位。

## 二、应用型科技大学博士授予权博弈

### (一)学术性与非学术性

1970 年,具有博士授予权的高校被称为学术性大学(Wissenschaftliche Hochschule)。近年来,德国连续发生前联邦国防部长(Bundesminister der Verteidigung)古腾堡(Guttenberg)和前联邦教育与研究部长沙万(A. Schavan)博士学位论文剽窃、取消博士学位的丑闻。对此,2011 年,学术审议会(Wissenschaftsrat)公布《博士学位质量保障之要求》(*Anforderungen an die Qualitätssicherung der Promotion*)。2012 年,德国高等学校校长联席会发布《博士学位程序之质量保障》(*Zur Qualitätssicherung in Promotionsverfahren*)。这两个文件为博士生培养质量划出了底线。但据利克费尔特(Lieckfeldt)的研究,德国很多研究型大学并未采取具体措施提高博士学位论文质量。通览德国一所著名学术型大学相关文件,虽就提升论文质量提出了建议措施,但文件中却未出现剽窃这一关键词,其措施仅属建议,无实质性约束力。另一所著

名学术型大学官网显示,关于论文剽窃的议题已不知所终,仅有
"博士班学生注册信息"的链接,涉及学位质量的页面中亦无提高
博士培养质量的信息。研究型大学一方面垄断博士授予权,另一
方面却漠视提高博士学位质量。

1985 年,联邦德国修订《大学基准法》,将应用研究作为应用型科
技大学的主要任务。德国联邦教育与研究部(Bundesministerium
für Bildung und Forschung)指出,应用型科技大学的应用研究,以解
决实务问题为主,而非寻找"终极真理"(Letzte Wahrheit)。萨克森
州(Sachsen)《大学自由法》(Hochschulfreiheitsgesetz Sachsen)第
5 条规定:高等院校通过教学、研究以及提供各类课程,开展与学
科特色相应的学术、艺术发展与培养工作。应用型科技大学致力
于学术与艺术发展,承担实务导向的教学与研究。应用型科技大
学与研究型大学都承担教学和学术研究任务,只是前者偏重于
应用。

随着欧盟高等教育领域"博洛尼亚进程"全面推进,研究型大
学与应用型科技大学的区别日趋缩小。二者皆有学士班与硕士
班,学士班均旨在获取职业资格;应用型科技大学硕士班也有理
论研究,研究型大学硕士班则以基础研究为主。同时,研究型大
学也提供职业资格教育。如应用数学系不仅设立于贝尔格工业
大学(Technische Universität Bergakademie)和克劳斯塔工业大
学(Technische Universität Clausthal)等应用型科技大学,许多研
究型大学也有设立,如特里尔大学(Universität Trier)等。

## (二) 基础理论研究与应用科技研究

研究型大学以基础理论研究为主,应用型科技大学以应用研

究为主。20 世纪 70 年代以来,知识生产方式转型或科学转型(Transformation of Science),已成为学术政策研究领域的重要议题。吉本斯(Gibbons)的《知识生产的新模式》提出,20 世纪下半叶,传统学术研究"模式Ⅰ"正在被知识生产"模式Ⅱ"取代,反映出知识生产方式发生改变,学术研究重心从自由探究转变为解决问题。前者多为学术驱动,后者多为市场驱动,具有以下特征:1.知识生产置于应用语境中,研究问题的选择、研究成果的传播与应用情境紧密相连;2.知识生产以跨学科或超学科(transdisciplinarity)方式进行,学术研究是一个动态演进的知识构建模式,问题产生于应用情境,根据问题组成临时性研究团队;3.在模式Ⅰ,知识与学术完全自主,专注于探索真理。在模式Ⅱ,学术研究必须考量到研究所带来的社会影响与后果,考虑学习者的需求;4.研究质量的目标已不限于知识本身,需兼顾社会、经济或政治因素,质量成为多维度概念。在模式Ⅰ,质量控制主要通过学术精英主导的同行评估进行;在模式Ⅱ,政府部门、企业、社会公众等参与到质量监控过程。

知识生产方式变革不是对传统知识生产方式的彻底否定,知识生产模式转型不意味着模式Ⅰ将被模式Ⅱ取代。模式Ⅱ脱胎于模式Ⅰ,若无模式Ⅰ,亦无模式Ⅱ,基础理论是源,应用技术是流。

由于知识生产模式转型,势必产生传统方式和外部革新之间的张力。研究型大学与应用型科技大学是这两种知识生产模式的典型代表,二者关于博士授予权的博弈,反映出两种知识生产模式之间的竞争关系。德国基尔应用型科技大学(Fachhochschule

Kiel)校长比尔(U.Beer) 表示:"虽然研究型大学及相关研究机构的基础研究在全球范围内获得认可,但迄今这些研究成果衍生的产品还太少,应用型科技大学将应用导向型学术研究成果转化给企业,从而大力推动新产品研发……应用型科技大学获得博士授予权是必然发展趋势,有利于提高德国的科学水平与经济发展地位。"

应用型科技大学对获得博士授予权有需求,虽已有部分研究型大学设置应用型专业学科,但与应用型科技大学在专业设置方面依然存在差异,后者的某些专业设置为其所特有,比如物理治疗、社会工作、幼儿教育与船舶制造等,但因为应用型科技大学无博士授予权,其特有专业的毕业生无法继续攻读本专业的博士学位。

### (三) 师资与工作条件

《大学基准法》第 44 条第 1 项规定,高等学校教授的任用资格须具备下列要件:1. 大学毕业;2. 具有教育教学专业能力;3. 具有学术工作能力,通常由博士学位论文加以证明;4. 在学术或艺术上有特别的成果,并具数年的工作经验、对学术知识和方法的运用与发展有特别贡献。第 4 点要件对于实务经验的要求,主要针对应用型科技大学教授。

《大学自由法》第 58 条规定,研究型大学与应用型科技大学师资要求不同,前者需具备教授备选资格(Habilitation),或与之相当的学术成就,后者则需有实务经验。应用型科技大学教师或因未具备教授备选资格,而不能担任博士生导师。对于研究型大学与应用型科技大学的教授备选资格差异,以电子信息工程学(Fakultät Elektro-und Informationstechnik)为例,各选取三所学校进行比较:慕尼黑工业大学(理工类研究型大学)(Technische Universität München)、德累斯顿工业大学(理工类研究型大学)(Technische Universität Dresden)、多特蒙德工业大学(理工类研究型大学)(Technische Universität Dortmund)与莱比锡科技、经济与文化学院(Hochschule für Technik,Wirtschaft und Kultur Leipzig)、慕尼黑应用技术大学(Hochschule für angewandte Wissenschaften München)、卡斯鲁厄科技与经济学院(Hochschule Karlsruhe Technik und Wirtschaft),研究型大学有一些教师未具备教授备选资格,但应用型科技大学一些教授却具备该资格。

以德累斯顿工业大学电子信息工程学院为例,有 60% 的教师具备教授备选资格,那些没有教授备选资格的教师则在业界有数年的实务经验。在应用型科技大学中,以莱比锡科技、经济与文化学院为例,15% 的教师具备教授备选资格。

研究型大学与应用型科技大学工作条件不同。《萨克森州高等学校之服务义务规则》(*Sächsische Dienstaufgabenverordnung an Hochschulen*)第 7 条第 3 项规定,应用型科技大学教授每周至少讲授 18 学时(Semesterwochenstunde),研究型大学教授讲授 8 学时即可 。北莱茵州(Nordrhein)《大学与应用型科技大学之教学义务办法》(*Verordnung über die Lehrverpflichtung an Universitäten und Fachhochschulen*)第 3 条第 1 项规定,研究型大学教授所承担教学任务每周最少 9 学时,应用型科技大学教授最少 18 学时。因为研究型大学教授必须承担更多的研究任务,应用型科技大学教授则被赋予更多教学任务。

对此,德国高等学校校长联席会议主席希普勒(Hippler)表示,应用型科技大学不具备培养博士生的能力,因为博士生培养与学术研究绝对不能以廉价的方式进行。博士授予权以学术研究基础设施和人员配置为前提,只有当应用型科技大学在这些方面达到与研究型大学同等水平时,才可以考虑赋予其博士授予权。

### (四) 资源竞争

研究型大学与应用型科技大学正在围绕人才展开激烈争夺,一些大器晚成者可能在学术生涯之初选择了应用型科技大学,但之后发现自己有学术研究的天赋,那么他应该在学士毕业后直接转到一所大学念硕士,还是继续留在应用型科技大学?对于研究型大学而言,垄断博士授予权,可确保自己能够招揽到顶尖人才。

除争夺有学术研究潜力的人才外,研究型大学与应用型科技大学还围绕资源展开竞争。2006—2011 年,德国联邦政府投入3.16 亿欧元支持应用型科技大学的教学与研究,同比增长 190%,同一时期研究型大学获得联邦政府的财政支持涨幅仅有 82%。应用型科技大学获得博士授予权将有损于那些原本资金就不充足的研究型大学,研究型大学对于大量资金流向应用型科技大学原本就深感不满,担心连象征研究型大学独特地位的博士授予权都不能垄断了。因此,研究型大学坚决反对赋予应用型科技大学博士授予权。

德国高等学校教授的科研经费约有 60% 来自以下渠道:德国

研究协会(Deutsche Forschungsgemeinschaft)、联邦教育与研究部和联邦与欧盟其他部门。应用型科技大学很少有机会参与这些大型的研究计划,特别是德国研究协会一直以基础研究为资助重点,使得应用型科技大学科研经费远逊于研究型大学。但在个别情况下也有例外:北莱茵-威斯特法伦州(Nordrhein-Westfalen)境内所有高等院校中,应用型科技大学欧斯特法伦-利颇学院电子工程学院(Fakultät Elektrotechnik der Hochschule Ostwestfalen-Lippe)获得科研经费高居榜首。2008—2009 年,该校教授人均科研经费 16.1 万欧元,超过了州内所有研究型大学教授。

前联邦教育与研究部长沙万(A. Schavan)博士学位论文剽窃、取消学位事件,成为研究型大学捍卫博士授予权的理由。沙万在杜塞尔多夫大学(Universität Düsseldorf)取得教育学博士学位,其指导教师韦勒(G. Wehle)教授曾任职于两所没有博士授予权的应用型科技大学,因而被质疑为能力欠缺。

## 三、应用型科技大学博士授予权之变通形式——研究生院

除合作培养博士生模式外,为解决应用型科技大学硕士毕业生攻读博士学位的困境,20 世纪 90 年代,由大众汽车基金会(Volkswagen-Stiftung)和德国研究协会联合启动应用型科技大学研究生院设置计划。

德国大学博士生培养具有中世纪作坊色彩,即师傅带徒弟。博士生指导教授德文为"Doktorvater",意为博士生父亲。博士生

以学术助理身份跟随导师从事相关研究,以研究所为培养单位,所长通常是博士生指导教师,学生免试入学,没有必修课。德国大学博士生培养模式一般不提供博士课程。迄今为止,德国在这样传统框架下培养大多数博士生。

德国学术审议会指出,从国际比较视野观之,德国传统博士生培养模式修业年限过长,导致博士毕业生大龄化。德国高等学校校长联席会也指出,指导教授对论文选题的辅导不够、研究选题过偏过窄、在科研经费缺乏的专业,如人文社会科学专业基础学科,博士生往往闭门造车得不到足够的学术指导和经费支持。

在师徒制博士生培养模式占主导的情形下,研究生院(Graduiertenkolleg)实质上是博士生院(Promotionskolleg)。这种研究生院通常被称为结构化博士生培养(Strukturierte Promotionsstudien)模式。研究生院主要由德国研究协会提供资金支持,博士生入学竞争比较激烈,博士学位论文选题需与研究生院的研究方向一致。

德国研究生院模式借鉴英美博士生培养模式,希图发挥学术共同体力量,强化跨学科研究。事实上两者大相径庭,德国研究生院不是大学的常设机构,也不是博士生注册与管理机构,只是由来自多所大学的 10 至 15 名教授、15 至 25 名博士生组成的课题共同体,例如弗莱堡大学(Universität Freiburg)生物学与医学研究生院(Graduate School of Biology and Medicine)。

研究型大学与应用型科技大学以研究生院为载体开展合作,前者将博士授予权引入合作关系中,后者与之共享博士生培养资源。但是,德国研究生院模式也面临挑战。由于经费有限和规模狭小,德国只有 10% 左右的博士生在研究生院学习,且往往是理工科学生。

自欧盟在全域实施《博洛尼亚进程》以来,德国不断改革高等教育学制,使应用型科技大学学士、硕士学位,与研究型大学对应学位等值,博士学位授予权成为德国两种类型大学博弈的焦点。

第 7 期

# 澳大利亚与新加坡的家庭发展
# 政策与家庭教育策略

世界教育法治研究课题组

## 内 容 提 要

　　20 世纪,为增进人民福祉、改善家庭生活水准,澳大利亚和新
加坡制定家庭政策。为更有针对性地实施家庭政策,澳大利亚与
新加坡设立专门机构,澳大利亚主责部门为家庭住房社区服务和
原住民事务部,新加坡主责部门为社会与家庭发展部。澳大利亚
家庭政策强调以支持家庭为中心,旨在增进儿童与原住民福祉;
新加坡家庭政策主要任务为培育和保护青少年、强化与家庭的联
结、鼓励婚姻等。

# 一、澳大利亚和新加坡家庭政策发展脉络

## （一）澳大利亚家庭政策发展

澳大利亚家庭政策,始于 1927 年新南威尔士州发放的"家庭津贴"。1941 年,澳大利亚普及"家庭津贴"。1972 年,澳大利亚发放"妻子年金"。1973 年,澳大利亚发放"家庭资助给付"。1983 年,澳大利亚发放"家庭收入补贴"。1985 年,澳大利亚推行"居家与社区照顾计划"。1986 年,澳大利亚发布《家庭情况与趋势报告》《家庭收入支持报告》。1994 年统计数据显示,在 16 个经济合作和发展组织国家(OECD)中,成长于无就业家庭的澳大利亚儿童比率排名第一。1996 年,澳大利亚设立健康与家庭服务部。1998 年,澳大利亚设立家庭与社区服务部。2007 年,澳大利亚把家庭社区服务和原住民事务与残障改革部(Department of Families, Community Services and Indigenous Affairs and Disability Reform)、住房与无家部(Department of Housing and Homelessness)和社区服务与妇女地位部(Department of Community Services and the Status of Women)整合改组为家庭住房社区服务和原住民事务部(Department of Families, Housing, Community

Services and Indigenous Affairs, FaHCSIA)。2011—2012 年,澳大利亚设立专门机构执行与监督家庭政策、儿童支持政策和家庭津贴的预算措施,预研家庭福利津贴改革,建立健康的家庭关系,帮助家庭适应经济社会形势的变化。澳大利亚的家庭政策包括:1. 家庭支持政策,提供支持家庭的综合服务,以改善儿童的福祉、发展和安全;2. 家庭税补助金,补助中低收入家庭直接和间接抚养子女的成本;3. 家长和婴儿津贴,补助家庭养育新生儿或领养孩子的成本,让家长可从工作中抽身,延长陪伴子女的时间,并鼓励所有家庭为子女接种疫苗。

## (二) 新加坡家庭政策发展

1946 年,新加坡成立"新加坡服务会",以解决第二次世界大战日本占领新加坡期间,食品价格飙升、人民三餐不继所造成的民生困难问题。1959 年,新加坡自治邦成立,李光耀担任第一任总理,以促进种族和谐与社会凝聚为目标,重视个人福利,建立具有东方民族特色的社会保障制度。1965 年独立后,因自然资源匮乏,新加坡政府致力于开发人力资源,重视家庭建设。1968 年,社会事务部(Ministry of Social Affairs)推出公共住房政策,实现居者有其屋。20 世纪 60 年代至 70 年代,妇女大举进入就业市场,导致生育率下降。20 世纪 80 年代,新加坡由单纯注重经济发展转向推进经济社会与家庭协调发展。1982 年,新加坡推出"家庭保障计划"。时任总理李光耀提倡儒家伦理,重视家庭发展。1991 年,新加坡发布《共同价值白皮书》(*White Paper for Shared Values*),该白皮书提出四项共识:群体高于自我、家庭为建造社会的基础、以共识谋求重要问题的解决、强调种族与宗教间的宽容与和平。1993 年,新加坡发布亲爱关怀、互敬互重、孝顺尊长、忠诚承诺以及和谐沟通的家庭价值观。2000 年,新加坡成立家庭公众教育委员会(Public Education Committee on Family,PEC),由教育部与社会发展、青年和体育部(Ministry of Community Development,Youth and Sports,MCYS)推举公私部门的 22 位委员组成,并于 2002 年发表《重亲情、享天伦报告》(*Family Matters*),扩大人民接受家庭教育的机会,推广家庭价值,并提出 70 项建议方案,主要包括培养年轻人正向的家庭价值观、强调婚姻为终生的承诺、提升全民家庭生活水平与家庭生活教育,以及创造友善的家庭环境。新加坡提倡重视家庭的亚洲价值观,在东方孝道文化与西方社会福利政策之间达成动态平衡。

## 二、澳大利亚和新加坡家庭政策专门机构

### (一)澳大利亚专门机构职责

澳大利亚家庭传统上以基督教义和子女养育为核心价值,随着时代变迁及个人主义盛行,离异家庭、单亲家庭与重组家庭激增。2007 年,家庭住房社区服务和原住民事务部整合了原负责家庭服务的三个部门的业务,支配联邦政府 25% 左右的预算支出。家庭住房社区服务和原住民事务部从澳大利亚家庭实际情况出发,制定家庭服务与发展政策,并通过整合各种资源来达到以下五个目标:1. 增进社会与经济参与;2. 增强社会的向心力;3. 改善

原住民生活状况；4. 提升人民基本生活水准；5. 扶持个人、家庭与社区。家庭住房社区服务和原住民事务部的服务对象与主要职责如下：1. 家庭与儿童：为中低收入家庭及儿童提供资助，增进儿童福祉。2. 需要房屋者：为中低收入家庭提供住房补贴。3. 弱势社区与个人：提供津贴与政府购买服务，提升弱势社区与个人能力。4. 高龄者：提供津贴和各种公共服务，提高高龄者生活水准。5. 残疾人及其照顾者：提供津贴与政府购买服务，改善残疾人、精神病患者及其照顾者生活状况。6. 妇女：通过立法、公共政策和制度安排，切实保障妇女权益，保障性别平等。7. 原住民：通过立法、公共政策和制度安排，增进原住民的福祉，以及平等参与经济社会发展的权益。

## （二）新加坡主责部门与业务内涵

2012 年底，新加坡将家庭政策的主责部门重组为社会与家庭发展部（Ministry of Social and Family Development，MSF），其前身为社会发展、青年及体育部（Ministry of Community Development, Youth and Sports）与社区发展及运动部（Ministry of Community Development and Sports，MCYS）。1985 年，社区发展及运动部称为社区发展部（Ministry of Community Development, MCD），由合并社会事务部和文化部而成。社会与家庭发展部的服务对象与主要职责如下：儿童及青少年、婚姻产业/服务、残疾人士及其照护者、高龄者与老龄化社会保障、帮助贫困人口与弱势群体、国际公约、婚姻、总统面临的挑战与公益金、新加坡的社会服务、强大稳定的家庭、支持社会企业、志愿福利团体、志愿者、妇女政策等 14 项。

社会与家庭发展部设有社会发展与支持（Social Development and Support）、家 庭 发 展 与 支 持 （Family Development and Support）以及企业支持（Corporate Support）等三个署。社会发展和支持署：主要针对低收入家庭、老年人、残疾者和高风险青少年，提供社会服务，下设中央青年辅导室、社区关怀和社会支持部、赡养父母专员、长者及残疾者事业部、博弈保障部、妇女发展办公室、公共卫报办公室、住宅服务部以及部门规划与发展司。家庭发展和支持署：主要通过政策、计划和宣传活动，为新加坡家庭发展提供公共服务，下设幼儿部、家庭教育及推广科、家庭政策组、家庭服务部以及社会发展网，保障儿童及婴幼儿的医疗服务、提供家庭婚育服务、制定与修订家庭政策等。企业支持署：提供优质及专业的支持等。

## 三、澳大利亚和新加坡实施家庭政策主要内容

### （一）澳大利亚家庭政策主要内容

家庭住房社区服务和原住民事务部为家庭与儿童提供服务，其服务包括：福利金改革；儿童支持；育儿（Parenting）；儿童保护；家庭支持计划；心理健康；家庭研究院；家庭网站等。

以家庭支持计划、澳大利亚家庭研究院及全方位的家庭网站为例，下文将对其进行简要概述。

#### 1. 家庭支持计划（Families Support Program）

2009 年，澳大利亚开始实施家庭支持计划，即：（1）每位儿童

应成长于安全与健康的环境,并由此开启美好人生;(2) 所有的儿童与年轻人均有受教育的权利;(3) 应充分利用机会,支持更多的澳大利亚人就业。

家庭支持计划依据《保护澳大利亚儿童国家纲领》实施,目标对象是全国及地区性的高风险儿童与家庭,主要工作是提供早期的介入与预防措施,将儿童的安全与福祉纳入政府社会政策议程的核心议题。计划实施系由政府资助非政府组织,以此提供家庭支持服务,借以增强家庭福祉与社区凝聚力、保护儿童利益、改善原住民生活状况、提高父母工作能力等。2011—2014 年,澳大利亚联邦政府投入 1 千多万澳元资助 350 多个 NGO 组织提供下列服务:(1) 家庭与儿童服务,包括:① 社区儿童服务,为 12 岁以下儿童的家庭及弱势与高风险家庭提供预防与早期介入服务;② 家庭与关系服务,为年轻人与儿童提供建议、谘商;③ 专家服务,针对药物滥用、暴力倾向与遭受创伤等脆弱家庭提供专家支持服务;④ 社区团体,针对家有幼儿的父母亲提供支持服务。(2) 家庭法服务,包括:① 家庭关系中心;② 分居后的共亲职;③ 分居后的儿童支持方案;④ 亲职教育方案;⑤ 儿童接触服务;⑥ 家庭争议解决;⑦ 家庭与关系服务(分居后服务)。(3) 公共服务,包括:① 家庭关系建议电话专线,提供如何维系关系、度过关系难关或妥善处理离异事宜的咨询与建议;② 家庭关系网站,为所有家庭提供有关家庭关系问题的讯息与建议;③ 男性专线(Mensline);④ 育儿网站;⑤ 寻回与联络支持服务,协助寻找失踪亲友。

**2. 澳大利亚家庭研究院**（Australian Institute of Family Studies, AIFS）

依据 1975 年《家庭法条例》,1980 年,澳大利亚家庭研究院成立,该研究院受家庭住房社区服务和原住民事务部管辖。澳大利亚家庭研究院是家庭住房社区服务和原住民事务部的智库。澳大利亚家庭研究院的主要工作包括:研究计划、大型研究数据库、家庭研究会议、研讨会和期刊等。其研究重点为:针对新冠疫情常态化导致的全球经济衰退,围绕减轻经济衰退与新冠疫情对澳大利亚家庭的不利影响,提出实证性与可操作性方案。研究取向则采取生命周期与代际理论,强调在关键生活事件中(例如求学、就业与择偶),儿童或青少年的家庭的决定性影响力;追踪情感关系的发展、家庭的形成与人口趋势、澳大利亚家庭的多元性;注重家庭功能的研究,尤其关注凝聚力、韧性与福祉;旁及家务分工、脆弱性及其他失能等研究。澳大利亚家庭研究院的研究工作,跨越学科与领域,如:(1) 原住民儿童的早期学习、照顾与家庭支持;(2) 移民、农村家庭;(3) 身心失能、长期患病的老人;(4) 长期失业等。

**3. 全方位的家庭网站**

为便利民众利用家中网络查询与家庭生活相关的服务,澳大利亚政府网站开设家庭专区,提供全方位家庭在线服务与信息多达 29 种,内容包括:怀孕生产与婴儿热线、母乳喂养热线、学前儿童教育与保健、离婚家庭儿童帮扶、育儿机构信息、育儿网、学校概况、教育税退税、家庭智慧理财、家庭生活、家庭关系中心、电子商务与医疗保险及子女抚养费、儿童世界(以在线游戏引导儿童适应父母离婚）、医疗保险、体重管理、智慧使用网络资源（活动及研习）、儿童保护（网络安全）、在线估算育儿津贴与带薪育儿假薪水、离婚家庭的支持服务等。

## （二）新加坡家庭政策主要内容

### 1. 培育和保护青少年（Nurturing & Protecting the Young）

为营造利于儿童和青少年成长的环境，使其成为对社会负责的公民，社会与家庭发展部鼓励父母与专业机构（如幼儿中心与学校）建立健康的合作伙伴关系，其内容包括：（1）Maybe Baby：此为交互式亲职入口网，协助夫妻迎接新生儿所需财务、感情与生理的建议与职能。（2）基本亲职（Essential Parenting）：提供有用的亲职技巧与方案，包括家长杂志、青少年杂志、专家建议、亲职短片、寓教于乐活动、鼓励亲子一起烹饪简易家庭料理等。（3）幼儿中心和学生托管中心与服务：幼儿中心托管 7 岁以下的幼儿，托管分为全日和半日制。2008 年，社会与家庭发展部与教育部合作，在学校设立学生托管中心，接收 7 至 14 岁的学童，协助辅导课后功课，并开展休闲活动等（收托时间为周一至周五上午 7:30 至下午 6:30、周六上午 7:30 至下午 1:30）。（4）学前儿童亲职教育（PEPS）计划：该计划旨在帮助家长获取学校资源，提升家庭生活质量。自 2005 年开办以来，已有超过 500 所学前教育中心参与，大约有 30 万父母和幼儿受惠。（5）学校家庭教育（SFE）计划：此为全方位的家庭学习计划，协助父母获得有效的管教技巧。参与的学校可在前 3 年分别获得 2 万新元、1.5 万新元和 1 万新元的资金开办相关活动，学校每年也可额外获得 1 万新元聘请 1 名协调员,协助管理和处理行政工作。社会与家庭发展部也为协调员提供培训机会,截至目前共有 150 名协调员。

## 2. 支持家庭(Supporting Families)

为强化与家庭的联结,促进社会稳定与和谐,新加坡政府实施支持家庭政策,支持家庭内容包括:(1) 2006 年设立全国家庭委员会(NFC),目标是提供与家庭有关的政策、议题与方案。全国家庭委员会工作包括:征询公众意见,并将家庭政策,家庭教育计划、研究反馈给政府;协同创造对家庭有利的环境;分配投入资源,以提高家庭服务部门的能力。全国家庭委员会主要成就包括:国家家庭报告、全国家庭委员会年度报告、美满婚姻预备课程(MPP)、家庭价值观调查等;并建置 Think Family 网站,分享全国家庭委员会有关家庭议题的观点及相关重大事件,例如提供享受家庭生活的 101 种方法,并借此网站倾听民众的声音。(2) 生育津贴计划。提供生育津贴,以减轻抚养子女的财务负担。(3) 产假。给在职女性提供产假,使其分娩后有时间恢复身体,以及更好地照顾新生儿。(4) 领养政策。(5) 家庭服务中心(FSC),配置专业的社工,为有需要的家庭提供社会服务,包括婚前、婚后、儿童行为问题、财务困难、人际关系的咨询与转介。(6) 家庭保障及福利。(7) 家庭暴力。(8) Family Matters 网站,该网站提供建立快乐家庭所需的资源、知识与技能,同时协同社会为家庭创造良好环境。(9) 经由协调,协助被弃养的父母重获子女的赡养与关心。

## 3. 促进婚姻(Promoting Marriages)

为鼓励单身者走入婚姻,新加坡政府实行促进婚姻政策工作内容包括:(1) 建立社会发展网络,为单身者提供寻找人生伴侣的机会与服务,包括信托认证架构、约会机构的注册、约会执业登记、伙伴联系基金等;(2) 完善婚姻注册处,包括市民、回教徒婚姻的证婚与注册。

**4. 促进工作生活和谐(Promoting Work Life Harmony)**

工作与个人、家庭生活的不和谐,是因个人价值观不同所导致的结果。促进工作生活和谐的内容包括:(1) 个人工作—生活效率网站,通过专家的建议,依据个人价值观、不同的人生阶段、个人优缺点、亲友的支持、职场与社会可用的资源等,权衡各种工作与生活的选择,做出明智决定,使工作与生活更加和谐。(2) 职场家庭教育方案:雇主可申请获取社会与家庭发展部的补助,为员工开办家庭与工作生活的午餐会谈。为使忙于工作者获取基本的家庭与工作生活技能,自 2000 年起,社会与家庭发展部实施家庭生活大使(Family Life Ambassador,FLA)计划,鼓励企业实施相关的家庭方案。

# 后疫情时代世界主要国家校园防疫公共政策述要

世界教育法治研究课题组

## 内 容 提 要

新冠肺炎疫情席卷全球,世界主要国家均出台公共政策应对校园防疫,包括制定校园防疫检查清单、学生自主选择线上教育或线下教育、分级分层错峰开学、做好学生心理辅导和各种物理防控措施等。

　　自 2020 年初以来,新冠肺炎疫情在全球肆虐,根据 2020 年 4 月 1 日联合国教科文组织(UNESCO)的统计,全球 185 个国家关闭了中小学及高等教育机构,此做法影响了 15 亿名学生,占注册入学学生总数的 89.4%。为应对新冠疫情,世界主要国家纷纷出台校园防疫公共政策,其主要内容如下。

## 一、制定校园防疫任务清单

　　2020 年 3 月,经济合作与发展组织(OECD)提出《教育应对新冠肺炎疫情的指导架构》(*A Framework to Guide an Education Response to the COVID-19 Pandemic of 2020*),主要包括以下内容:1. 建立指导委员会或工作小组,负责制定和实施应对新冠肺炎疫情的教育措施;2. 制定时间表和路线图,从而便于工作小组间及时沟通;3. 与公共卫生部门建立协调机制,使教育防疫行动和公共卫生目标同步;4. 在实施替代教育方案期间,确保弱势学生与家庭获得足够的支持;5. 制定应急联络计划,确保信息能够迅速且正确地传播。

　　《教育应对新冠肺炎疫情的指导架构》提出了教育应对防疫常态化的任务:1. 重新界定教育模式,包括线上教学与线下教学的深度融合;2. 重新调整课程体系;3. 重塑线上教学条件下的教师角色;4. 拓展线上教学资源;5. 建立教师和家长合作的新机制;6. 构建防疫期间学生学业评估机制;7. 支持教师开展适合防疫要求的多种形式教育教学活动;8. 学校建立健全师生家校即时沟通机制;9. 学校提供多元线上学习指导;10. 确保学校获得充足的资金与后勤保障。

## 二、强化校园防疫管控

### (一) 美国实施班级人数缩编制

全美教育协会(National Education Association, NEA)会长莉莉·埃斯凯尔森·加西亚(Lily Eskelsen Garcia)认为,在新冠肺炎的治疗药物和疫苗尚未上市前,疫情仍有可能反弹,为了保证学生健康,学校教学与管理模式必须做出调整。意大利科学交换研究所(The Institute for Scientific Interchange)研究员玛丽亚·利特维诺娃(Maria Litvinova)认为,在有效药物和疫苗上市前,没有任何防疫措施是绝对安全的。因此,她建议学校缩小班级编制,保持学生的社交距离。以纽约市为例,在拥有足够检疫与接触史追踪能力、学生保持社交距离的情形下,一个班级的人数上限为 12 人。全美教育协会会长莉莉指出,虽然学生感染新冠肺炎后出现严重症状的案例并不多,但小班教学不仅有益于学生,而且可以保护教职员工们的安全。美国全国公共广播电台(National Public Radio, NPR)记者采访了多位公共卫生专家、教育学家和教育行政管理人员,他们一致认为:1. 班级人数应缩编到 12 人以下,保持学生的社交距离。2. 应实行轮班上课制度。在疫情暴发前,都会区公立学校通常一班有 25 到 30 位学生,甚至更多。因此,在减少班级人数后,教室将不敷使用,学生需轮班上课。可让部分学生在星期一、三、五到校上课,下周则改成星期二与星期四,或是同一天分为上午和下午两批到校上课时间,让学生轮流到校上课。3. 应让低年级学生优先返校,低年级学生的上课地点离家最近,而且各班级仅由一位主要教师负责。由于低年级学生尚未养成良好卫生习惯,很容易造成病毒传播,所以学校必须事先防范。4. 重制学期校历表。5. 应让学生自愿返校。6. 防疫期间停办一切校园聚集性活动。

### (二) 英国学校防疫措施

英国教育部陆续公布行政指导(guidance),以此指导校园防疫。目前,英国教育部已公布的行政措施包括:《学校整体防疫措施》(*Guidance on Actions for Schools during the Coronavirus Outbreak*)、《学校与儿童托育中心的社交距离要求》(*Guidance on Implementing Social Distancing in Education and Childcare Settings*)、《关键人员的教育与托育指引》(*Guidance on Critical Workers*)、《需要特别照护儿童与青少年的关怀指引》(*Guidance on Vulnerable Children and Young People*)。英国教育部要求所有学校原则上必须暂时停课并关闭校园。但由于一些特殊情况,学校也可例外开放。例外开放主要针对两种情形:第一种是投身疫情工作第一线的相关人员,学校与幼托机构对这些关键人员(critical workers)的子女继续提供服务,以协助分担这些人员的照护责任。关键人员包括:(1) 对防治新冠肺炎至关重要的科研人员;(2) 抗击疫情的医疗与社会护理人员;(3) 在其他国家/地区大使馆工作,且负责新冠肺炎疫情事务的人员;(4) 国会议员与相关工作人员。第二种情形是需要特别照护的儿童与青少年(vulnerable children and young people),这些儿童与青少年是:(1) 符合英国《1989 年儿童法》第 17 条规定的需要保护的儿童;(2) 加入教育、健康与护理计划(Education, Health and Care, EHC)的儿童与青少年;(3) 已被学校或地方主管机构(包括社福机构)评估为需要特别照护的对象。此类儿童与青少年,也包括接受社会福利机构协助的边缘弱势群体、被收养的儿童或是受其他机构与地方主管机构监护者。

### (三) 日本发放防疫助学补助

自 2020 年 3 月起,日本配合全面停课的学校因政府解除紧急事态,逐渐恢复正常上课。尚未解除危机的东京等地区亦开始准备复课。但即使恢复正常上课,学校仍需做好防疫措施,故日本政府认为应发放防疫助学补助。日本全国约 3.6 万所高中、初中、小学以及特教学校,每校平均获得 500 万日元的防疫助学补助。此项补助约 800 亿日元,编列至 2020 年日本政府第二次追加预算。

发放防疫助学补助,旨在让各级各类学校避免"三密",即密闭空间、密集场所和密切接触。防疫助学补助将用于修葺闲置教室,或其他教育教学空间和设施,或租用校外设施。防疫助学补助亦用于居家学习所产生的相关费用,如影印费或联络各家庭的通信费等。

日本政府还提供 8 万人次教学辅助指导员和相关协助人员的人事费。除地方政府自行雇佣者外,日本政府通过文部科学省官方网站的"校园儿童支持辅助人力银行"招募人员,除拥有教师证并具有教师经验人士外,鼓励补习班讲师及尚未取得教师资格的大学生登录人力银行,再将其推荐给全国教育委员会,以协助地方政府雇佣教育教学所需人才。

2020 年 3 月 24 日,日本文部科学省发布《小学至高中复课方针》,要求学校在课间时,必须开启教室窗户,流通空气;避免聚集性活动。此外,文部科学省还拟订了 55 点复课注意事项。

## 三、停课不停学的措施

### (一)英国同步开展线上教育与线下教育

为保障停课不停学的学习效果,英国教育部发布《疫情期间支持在家学习》(*Guidance on Supporting Your Children's Education during Coronavirus*)、《疫情期间远距教学的网络/信息安全》(*Guidance on Safeguarding and Remote Education during Coronavirus*)、《疫情期间对于学生与学校的技术支持》(*Guidance on Get Technology Support for Children and Schools during Coronavirus*)和《教育领域重点指南》(*Overarching Guidance for Educational Settings*)等公共政策,特别是针对弱势或需要社工辅导的学生,提供电子设备与网络路由器;协调传播通信业者提供

在线教学资源，降低电信费用。英国教育部开发并提供免费在线教育教学资源，如：1. 中小学各学科在线教育教学资源——英文、数学、科学、体育、健康及特殊教育（Special Educational Needs and Disabilities，SEND），帮助家长为儿童提供学习辅助，并提示家长在使用相关资源时，应同时阅读教育部发布的儿童网络安全指南，避免儿童因网络使用不当而造成伤害。2. 2020 年 4 月 20 日，英国广播公司（BBC）推出网站"Bitesize"，针对 5 岁至 16 岁学生推出每日免费课程，提供为期 14 周的核心学科课程；教学内容依照英国教育课纲编写，中学阶段课程依英国考试委员会标准设计；家长可通过此网站与孩子规划每日学习进度，并通过脸书、推特等社交媒体，获得进一步学习建议。3. 学校通过"谷歌课堂"（Google Classroom）发布当天或本周作业，学生在家完成。但在此期间，学校应特别强调个人身心健康，学校除设计远距课程，希望让学生达到每日运动 30 分钟的目标外，也强调学生若出现身心健康问题，学校一定会提供辅导协助。部分学校发信提醒家长：在这个前所未有的新情况下，保持身心健康是最重要的事情，不要过分期待孩子学习成效如在学校一样，但一定要照顾好全家的身心状态。4. 其他的学习选项，如"油管"（Youtube）：英国健身教练乔·维克（Joe Wick）在油管开设体育课频道，让学生可在家运动，该频道短时间内吸引百万网友订阅。橡树国家学院（Oak National Academy）也提供网上课程教学资源。英国政府强调，所有远程课程与在线教学资源，都必须遵守法律法规，确保网络安全和师生信息安全。

针对需要学校提供免费营养午餐的学生，学校可在校提供餐食供学生领用,或由学校提供超市/地方商店餐券,或订餐送至学生住所。

## (二) 日本善用学校课堂外时段

2020 年 6 月 5 日,日本文部科学省发布公函,要求地方教育行政部门善用学校课堂外时段,以此保障课时量。

文部科学省要求,通过缩短暑假或周六补课的方式,充分利用网络教学,保证课程进度,小学一、六年级和高中三年级优先复课。

该公函要求重新编排小学五年级和高中二年级课程,具体编排方式为:上课时段开展校内协作学习等重点化学习活动;教科书出版社协助学校设定课堂目标以及征集课程意见;文部科学省在"儿童学习加油网"公布小学六年级和高中三年级的课程内容,并预计 6 月底以前公布其余年级的课程内容。

日本文部科学省要求地方教育行政部门,在学校开学后召回已退休教职员,协助教育教学工作,以追回落后的学习进度。为便利退休教职员,应安排退休教职员就近工作或缩短上班时间等。

2020 年 3 月,经济与合作发展组织发布《教育因应新型冠状病毒:拥抱数位学习与在线协作》(*Education Responses to Covid-19: Embracing Digital Learning and Online Collaboration*),该文件指出,各国须对学校长期停课做好准备,虽然停课意味着人力资本的巨大损失,但也是开发数字学习的机会。数字学习应包括以下四项重点:1. 开发居家考试安全系统,因应可能被中断的高风险考试;2. 开发突破时空限制的多元教育方式,使家庭和学校紧密联系,给予学生更多自主权,为学生提供多元学习机会;3. 提升教师数字教学能力,将专业知识与教育科技结合;4. 进行国际交流,学习并分析各国数字教学方法及其有效经验。

## 四、强化心理疏导

学校重新开放后,教职员须帮助学生修复心理创伤,重新建立校园安全网。针对特殊群体儿童,包括有特殊教育需求或残疾、患有焦虑症或抑郁症的儿童,以及处于关键过渡时期的儿童,应谨慎制定计划并采取循序渐进的方式,帮助其重返校园。

在疫情期间,英国儿童及青少年心理健康服务机构(Child and Adolescent Mental Health Services,CAMHS)通过线上会议或电话提供服务。英国早期疗育基金会(The Early Intervention Foundation,EIF)指出,在疫情期间,线上心理疏导与线下心理辅导效果差异不大。

学生在离开校园一段时间之后,渴望与同侪重建社交。对于有长期心理健康问题的学生而言,缺少朋友会给他们带来很大消极影响。

学生重返校园面临的另一个挑战,即处理与新冠肺炎疫情相关的焦虑和压力。对于这类问题,学生自身或其家长要确保学校了解其特殊需求。受新冠肺炎疫情影响,不仅学生会感到焦虑,教师也会感到焦虑。鉴于此种情况,学校必须关注所有在校人员的心理健康。

2020 年 9 月 10 日,纽约市中小学复课,市长白思豪(Bill de

Blasio)与夫人麦克蕾(Chirlane McCray)于 26 日宣布成立"学校桥梁项目"(Bridge to School),为学生提供心理健康课程,缓解由疫情和其他原因造成的精神压力,以更好的心态迎接新的学年。

白思豪表示,"学校桥梁计划"将培训教师和校长,让他们能够更好地满足学生心理健康需求,并为返校学生和远程上课学生提供心理健康资源。市政府已经与多个私营基金会合作,为该项目筹资 190 万美元,使 1 600 多个学校的教职员工完成培训。麦克蕾表示,提供心理健康援助非常重要,愉快的心情能够让学生更好地进入学习状态,尽快适应新的学习环境。教育总监卡兰扎(Richard Carranza)表示,教育局将开设心理健康咨询热线,教职员工可以拨打热线咨询如何协助学生保持心理健康。

美国加州教育厅获得美国农业部特殊许可,允许先前已申请执行"暑期食物供给计划"或"无缝接轨暑期"供餐计划的学区,在新冠肺炎疫情停课期间,继续为学生提供免费校餐。加州教育厅长表示,在学校停课期间,学生可以在学校或非学校场所用餐,也可以选择外带食用。

经济合作与发展组织(OECD)提醒学校要密切关注学生的情绪健康,在学校关闭的情况下,要向学生提供互动和支持的技术解决方案。

# 英国中小学生管教制度述要

世界教育法治研究课题组

## 内 容 提 要

英国教育法规定教师管教措施,除惩戒处分(如停学、退学)外,其他管教措施不限于法令所列内容,教师的教育教学自主权得到充分尊重。本文通过系统分析,探讨中小学生管教法理基础;在立法模式、管教措施、教职员工权责、家长管教义务等方面,探讨英国学生管教制度。

# 一、管教、惩戒与体罚的定义

## （一）管教

根据《简明英汉词典》，管教主要有四种词义：1. 训练、锻炼、训导；2. 纪律、风纪、教养；3. 教规、戒律；4. 惩戒、处罚。《牛津英语词典》(*The Oxford English Dictionary*)对管教的解释为：教导学生使其表现适当行为和行动。综合中文及英文词义解释，管教具有教导、训练或处罚之意。英国教育行政部门所有相关官方文件均使用管教一词。

广义上，管教意指矫正学生偏差行为，使其养成良好生活与学习习惯，健全人格，等同于不含课程教学的教育活动。狭义上，管教系为达成学校教育目的，使教育活动顺利进行，针对学生偏差行为所采取的具体措施。

## （二）惩戒

从教育法观点来看，惩戒(punishment or sanction)指学校或教师为达成教育目的，借由物理上或心理上的强制力，对违反特定义务的学生，采取具有非难性或惩罚性的措施。因此，学生会遭受某种精神或身体的痛苦。从学校教育流程来看,惩戒主要针对学生行为不当或违反校规校纪。

综上所述,惩戒具有以下四个特点:1. 针对学生偏差行为,实施矫正措施;2. 使学生产生痛苦或不愉快;3. 使用强制力(物理或心理);4. 以保障教育教学秩序为目的。

## (三) 体罚

体罚(corporal punishment)的定义涉及体罚行为责任认定,各方见解不一,故分述如下。

### 1. 美国

(1) 美国学校心理师协会(The National Association of School Psychologists,NASP)认为,体罚是指任何造成肉体痛苦,以使学生停止或改变行为的干预措施。在美国,学校最典型的体罚方式,即是用木板拍打学生臀部。(2)美国联邦教育部人权署则认为,体罚是拍打手心、臀部,或其他加诸学生身体处罚的形式。

### 2. 英国

1986 年,英国《国会教育法案》规定,体罚是对儿童身体上的处罚,例如鞭打。

### 3. 瑞典

瑞典司法部认为,体罚系使用暴力造成身体上、精神上的痛苦与伤害的强制矫正行为,并于 1979 年正式以法律形式禁止体罚。

### 4. 日本

(1) 1948 年(昭和 23 年),日本法务厅对体罚作出行政解释:

体罚是以对身体的侵害给予受罚者肉体痛苦的惩戒。除对身体造成伤害的惩戒(如殴打、踢打)属于体罚行为外,给予受罚者肉体上痛苦的惩戒,如要求长时间采一定姿势的端坐、站立等也属于体罚。

(2) 文部科学省初等中等教育局,在其发行的《教务关系办公手册》中解释,所谓体罚,是在一般社会准许的范围内,以物理行为加诸学生身体,使其产生肉体痛苦的行为。校长和教师基于教育关怀而非怒气,轻微敲打身体的状况,亦视为实际上的惩戒而被准许。

大多数国家或组织均对体罚行为采取狭义界定,即以直接处罚学生身体并造成痛苦为准。此举反映出世界主要国家在规范教师管教行为的法律概念上的明确考虑。因为,若采用广义的界定,将造成学生心理痛苦或身体疲劳列入体罚行为的后果,可能产生事实认定上的问题,反而增加保障学生权利及维持学校教学秩序的难度。反之,对体罚行为采取狭义界定,比较符合现代学校管理学生行为的需求。只有对体罚行为采取狭义界定,才能避免教师随意使用造成学生心理痛苦或身体疲劳的管教措施。

## 二、管教、惩戒与体罚的关系

由于管教、惩戒与体罚三者在概念上有相互重叠的部分,对学校教职员工和社会大众造成困扰,故下文对此展开论述、厘清关系。

### （一）管教与惩戒

管教一词最易与惩戒混淆。管教未必会使学生产生不愉悦感，因管教涵盖奖励、惩戒等概念，范围较为广泛，惩戒仅为管教的措施类型之一。若学生干扰教学秩序，教师采取口头劝导方式即可矫正学生行为时，便无需采取强制性惩戒措施。

### （二）惩戒与体罚

体罚指使学生感到肉体痛苦的处罚方式，属于惩戒处分以外的管教措施。

### （三）管教、惩戒与体罚

管教、惩戒与体罚三者在概念上有上位与下位的区别，有共通与差异之处，下文对此进行分述：

（1）共通处

在适用对象上，管教、惩戒与体罚三者均针对学生不当或违规行为。一旦学生出现不当行为，教师有责任矫正其行为，采取管教、惩戒或体罚的措施。三者的主要目的都在于制止不当行为，或降低不当行为发生的频率。

（2）差异处

在范畴上，管教范围最广，其次为惩戒，体罚范畴最窄。体罚只是惩戒方式之一，惩戒亦只是管教措施之一。具体而言，当学生出现不当行为时，学校应及时采取措施，阻止学生的不良行为；或者在事后采取措施，使学生深刻认识到自己的错误。

# 三、英国学生管教模式

## （一）立法模式

英国学校教职员有管教学生的权利和义务，英国教育部授权学校制订管教措施和程序。依据英国《学校标准及架构法令》（*Schools Standards and Framework Act 1998*，SSFA)第 61 条规定："学校校管会必须依法制定学生行为管教的政策，并咨询校长的意见。"同时，该法要求学校学生管教政策必须明确以下内容：1. 管教权的界限；2. 惩戒的层级；3. 惩戒的一致性与公平性；4. 奖励。

## （二）适用一般行政法原则

1. 不当联结禁止原则。英国教育部规定："学生不得因学业成绩不佳、怀孕、父母行为（如父母未出席学校召开会议）等原因被停学，此为不当联结禁止原则。"

2. 比例原则。此原则即不可为达目的而不择手段。该原则还包括三个子原则，即适当性原则、必要性原则、过度禁止原则。

3. 平等原则。此原则要求法律地位上的实质平等。对学生的行为管教，不得基于家庭、宗教、地域和学业成绩等因素而差别对待，除非有合理理由（例如智力障碍学生）。

4. 正当法律程序原则。正当法律程序源于英国《大宪章》。此原则的内涵为当事人应受到公平司法程序保障，包括当事人的知情权;要求举行听证会的权利;有亲自或请代理人到场辩护的权利。以学生停学(exclusion)处分为例,英国《2002 年教育法案》(*Education Act 2002*)对其程序作出如下规定:

(1) 执行程序。校长对学生施以停学处分后,必须立刻正式通知学生家长。通知函中应包括停学起讫时间、停学缘由、父母聘请代表向校管会申诉的程序与权利等事项。此外,如果校长做出永久或超过 5 天的停学处分时,应于一个工作日内,以书面形式通知校管会和地方教育行政部门(Local Education Authority, LEA)。

(2) 救济程序。校管会应检视所有停学处分,并处理家长对停学惩戒的申诉;地方教育当局也应处理家长对永久停学的上诉。两者的处理程序要点如下:

校管会应授权由至少 3 名委员组成的管教委员会处理相关申诉案件;地方教育行政当局必须为校管会成员提供处理停学处分议题技能培训;校管会针对 5 天以下停学处分的申诉,需考虑家长的要求而举行会议(亦可不举行),虽不能直接撤销停学处分,但对召开会议的法定时限(唯校管会应尽量做出适当的响应)不做具体规定;5 天至 15 天的停学处分,校管会应在家长要求下召开会议,此会议应在校管会收到校长停学通知后的第 6 至 15 天内召开;校管会针对超过 15 天的停学处分,必须召开会议,此会议应在校管会收到校长停学通知后的第 6 至 15 天内召开,且应邀请家长、校长及行政人员参加,同时要保留完整的会议记录及相关数据;校管会应检查停学处分的适当性,但不得加重处分;校管会可确认停学处分或令学生复学;针对永久停学处分,如果学生家长不接受校管会决定，可向地方教育行政当局提出上诉，地方教育行政当局应依法设置独立上诉委员会（Independent Appeal Panels，IAP）处理家长对永久停学的上诉。

### （三）零容忍政策

零容忍（zero tolerance）为伞状法理概念，指应用法律对特定行为予以严厉处罚的政策。其重点在于违规行为类型，即当事人一旦做出法令明确禁止的行为，不论影响轻重，立即采取严格处罚，不予宽容，以遏止类似行为发生。维持学校教育教学活动正常运作，是学校教育教学首要考虑因素，故必须以大多数学生的合理权益作为管教的基础。英国已建立针对特定学生违规行为予以严惩的零容忍政策，举凡校园暴力、毒品、枪械、滥用药物及严重干扰教育教学秩序等行为，均采取停学、强制转学或退学的处分。

学生因停学、疾病或其他因素无法接受教育时，地方教育行政当局有责任制定适当的替代性教育方案，保障学生受教育权利。此类替代性教育除由小区、志愿组织及私人机构提供外（需经政府认可），多数由地方教育行政当局设置的转介学校（Pupil Referral Units，PRU）提供，地方教育行政当局设立/关闭转介学校等，都必须向英国教育部提出申请。

转介学校是法定学校类型之一，也要接受教育标准局（Office for Standards in Education）的检查；同时，所有转介学校都有专职教师，并且和主流学校一样有教学助理、学习指导员等教学辅助人员。转介学校的教师也可以申请成为进阶教师（Advanced

Skills Teachers，ASTs）。目前英国各地教育行政当局共设立转介学校 421 所。转介学校可以提供全日或半日教育服务,但是,永久停学学生必须在停学后的第 16 日起接受转介学校的全日教育。转介学校有以下特点:1. 不同于一般学校的校管会,转介学校由地方教育行政当局设立的管理委员会协调与监督,一个管理委员会通常负责两个或更多的转介学校。2. 转介学校课程重心基本针对学生学科能力及行为改进。3. 转介学校应视学生数量调整教学人员编制。半日制的转介学校可不提供教师休息室及教研室,但全日制转介学校必须提供此类工作条件。4. 地方教育行政当局除自行设立转介学校外,也可将其外包(contracting out)给私人机构或非营利组织。

## （四）校长及地方教育行政机关权责

在学生行为管理政策上,英国学校校管会拥有制定学生惩戒规范及执行的权力。校长是最重要的执行者,学生出现严重暴力、持有吸食毒品、携带攻击性武器、霸凌、严重干扰教育教学等行为时,校长可处以其长期停学处分。英国学校校长负责做出长、短期停学,强制转学等惩戒处分的决定,校管会则负责决定或确认退学处分,并提供替代性教育及额外管教资源。

## （五）教师权责

英国中小学教师的管教学生权责,应依据法律规范及学校规章,并考虑学生年龄、事件性质及惩戒后果等因素,自主选择适当措施执行。教师通常对学生使用驱逐、取消课间休息、课后留校服务、禁止参与校外旅行、额外指定书面作业、校内服务工作、书面警告及校内停学等措施。学生重大偏差行为及相应惩戒处分的决定权归属校长或教育局长，并非教师的权责。

### （六）惩戒行为——体罚

1986 年，基于代位父母(in loco parentis)的传统，英国社会接受教师对学生施予适度体罚。但是部分地方教育行政部门逐渐限制体罚，并制定相关规定，如：1. 体罚使用的鞭子或皮条，必须达到认可标准。2. 学校必须备有体罚记录簿，列明体罚原因及过程，并经校长签署核实。3. 具备 3 年以上教师资格者才能执行体罚，实习、代课教师不得施行。4. 禁止对 8 岁以下学童体罚。5. 禁止在其他学生面前体罚。6. 施以打手心的体罚，不得超过 3 下。7. 女学生体罚只限于打手心，且仅能由女教师执行。至于鞭打男学生臀部则不得超过 6 下。

1986 年《教育法案》通过后，公立学校开始禁止体罚，若有体罚事件发生，家长可向法院提起民事诉讼。1997 年，英国国会修订 1996 年《教育法案》(*Section 550A of the Education Act 1996*)，该法案明确规定，自 1999 年 9 月 1 日起，所有公、私立学校全面禁止体罚。现今英国学校教师对学生体罚，已属违法行为。在某些特定情况下，教师可适当约束或控制学生，包括以下情形：

1. 学生自我伤害；2. 暴力伤害或威胁其他学生、教职员等；3. 破坏学校公共财物；4. 犯罪行为；5. 严重影响学校正常运作。

### （七）家长管教义务

家长或监护人对义务教育阶段子女负有下列义务：1. 使子女

按时到校接受义务教育。1996 年《教育法案》规定,家长必须让学龄子女到校接受教育(第五条),如果家长未履行此项义务,地方教育行政当局可向家长发出《学校出席令》(*School Attendance Order*)(第四百三十七条);家长或监护人若未能督促学生按时到校,同样视为犯罪行为,一旦地方教育行政当局向法院告发此事,家长或监护人将面临法院强制逮捕审讯,若被定罪,家长可能遭到监禁处罚(第四百四十四条第一项)。

2003 年《反社会行为法》第 23 条规定,地方教育行政当局向法院告发家长前,可对家长或监护人处以罚款,由地方教育行政当局承办官员、学校校长通知(若由校长发出,在发出前需取得校管会的同意),家长无权提出异议或上诉。在规定期限内未缴交罚款者,地方教育行政当局可以此为证据向法院告发。

2. 对停学子女的义务。如学生被永久停学或在一年内被停学两次以上,地方教育行政当局即可向法院申请对家长或监护人发出《教养令》(*Parenting Order*)(《反社会行为法》第 23 条、第 26 条)。教养令通常包括两个部分:(1)要求家长出席咨商、辅导课程(上限 3 个月)。(2)配合学校的特定要求(一年内)。其中有关课程等额外费用由地方教育行政当局支付,而违反教养令者,法院可处以罚金,每次最高 1 000 英镑。

## (八) 学生行为分级管教

校管会必须制定学生行为管理政策书面说明,同时,《学校标准架构法》要求校管会将所有学生行为规范(code of conduct)及管教措施纳入书面说明。校长采取的管教措施要以书面文件公布周知,并需定期提示所有学生、父母及教职员遵守相关规定。在管教政策中,大多数学校均会针对学生各类偏差行为,根据严重程度划分行为等级,并列举相应管教措施,制定分级行为管教表。此种管教政策,不仅对学校教职员使用管教措施提供指导方针,而且也会减少管教冲突事件的发生。

第 10 期

# 英国和美国校园霸凌防治政策

世界教育法治研究课题组

## 内 容 提 要

英美两国校园霸凌防治政策包括以下几方面:区别校园霸凌与其他违法行为;校园霸凌防治政策比较分析;利害关系人义务;校外机构参与;英、美校园霸凌防治政策成效。

长期以来,英、美中小学教师具有代位父母(in loco parentis)的普通法地位。因此,当学生在校上课时,可视为父母将此一时段对子女的教育权委托于学校及教师,而学校教职员即可在合理范围内代位行使管教权惩戒学生。近年来,越来越多父母或监护人(以下简称家长)通过司法诉讼挑战此原则,不愿再释出管教权力。所以,英、美两国均积极通过制定法律建立学校教职员管教权力的依据,以减少学校管教争议。同时,英、美两国的教育法令和司法判决,通常会给予学校教职员较大的裁量权,以因应学校教育活动中的实际状况。美国联邦上诉法院表示:州及学校行政主管需要拥有广泛管理权,以规范及管理校园中的师生行为。

# 一、区别校园霸凌与其他违法行为

## (一) 英国

在英国现行法律中,霸凌行为并非特定刑事罪名。但是,部分有骚扰及威胁性的霸凌行为,可能被认定为犯罪行为。同时,霸凌行为实质上可视为过失罪(negligence)的形式之一,因其会造成受害者的身心痛苦甚至引发自杀。所以,英国地方教育当局(Local Education Authorities,LEA)及学校对校园霸凌等学生偏差行为导致的后果负有法律责任,法院判决也支持对被视为犯罪的校园霸凌者(12 岁至 17 岁)发出拘留教导令(detention training order),并予以强制教育训导,期限为 4 个月至 2 年。此外,校园霸凌行为亦可能因其动机、方式及后果,而触犯下列法令:1.《恶意通信法》(*Malicious Communications Act 1998*),此法律将下流、侮辱及威胁的电话或信件恐吓行为,定为犯罪行为。2.《平等法》(*Equality Act 2010*),此法取代先前各类反歧视法(anti-discrimination laws),简化原有各种平等法令(如年龄、性别、残疾和其他歧视),并以单一法律统合。其要求公共部门设定平等目标并至少每四年进行一次检讨公布。每一公共部门需有各自平等目标,并致力消除不合法歧视、侵害及其他《平等法》禁止的行为。各类受保护特质包括:年龄、残疾、变性、怀孕、种族、宗教信仰、性别和性取向等。

## (二)美国

目前,美国联邦政府层级并无针对霸凌防治订定专法,但若霸凌行为涉及种族、性别、宗教之歧视偏见等,学校可依据联邦公民权利法令予以处理。此政策主要是由民权事务办公室(Office for Civil Rights,OCR)负责执行,以确保接受联邦财务补助之教育机构,不会出现以下法律禁止之歧视性行为:1.《民权法案》(*Civil Rights Act of 1964*)第六章(禁止种族、肤色与国籍歧视)。2.《教育修正案》(*Education Amendments of 1972*)第九章(禁止性别歧视)。3.《康复法案》(*Rehabilitation Act of 1973*)第 504 节(禁止残障歧视)。4.《年龄歧视法案》(*Age Discrimination Act of 1975*)(禁止年龄歧视)。5.《美国残障人士法案》(*Americans with Disabilities Act of 1990*)第二章(禁止歧视残障人士)。至于其他性质的霸凌事件,主要依据各州制定之法令规范。然而,如果霸凌者年龄超过 12 岁,且行为符合犯罪要件,其霸凌行为可能成立刑事罪名。

### (三) 非霸凌行为

由于部分霸凌行为易与其他犯罪行为混淆,故有必要予以明确区隔,以利对学生偏差行为的辅导管教。而在英、美两国校园中,通常以下行为并不被视为校园霸凌。

1. 刑事犯罪行为(criminal behavior):霸凌是反社会的伤害行为,但不是刑事犯罪行为,例如下列行为已不属学校管辖的范畴:(1) 使用武器或其他物品攻击他人;(2) 偷窃;(3) 严重威胁生命安全或造成人员死亡的行为;(4) 性侵害。

2. 次霸凌(sub-bullying)行为:激烈游戏、粗野翻滚或是相互戏谑中伤(在平等情境中),如果这些行为并未重复或导致伤害,应视为次霸凌行为,应从频率及扩散状况予以监控。

## 二、校园霸凌防治政策比较分析

### (一) 立法规范模式

英国国会在《1993 年教育法案》(*Education Act 1993*)中,首次明确学校处理学生偏差行为的政策架构,授权英国教育部订定行政命令,以规范指导地方政府及学校建立有效的学生偏差行为处理机制。此外,依据英国《学校标准架构法》(*Schools Standards and Framework Act*,SSFA)第 61 条之规定,学校订定学生行为管教政策,必须明确原则并定期推广。尤其应注意惩罚的一致性、公平性以及对优良行为的奖励联结系统。因此,英国处理学生校园霸凌等偏差行为之法制规范,系以中央层级之国会立法作为地方教育当局及学校订定管教规章的法源,确立学校教职员管教学生的权力,并具体授权学校订定相关惩戒措施内涵和执行程序。

美国联邦政府虽未针对校园霸凌订定专法,但依据 2001 年《安全无毒学校及小区法》(*Safe and Drug-Free Schools and Communities Act*),联邦教育部在 2002 年设置安全及无毒校园办公室(Office of Safe and Drug-Free Schools,OSDFS),主掌中小学暴力、毒品防治及学生品德教育等事务之推动及补助。所以,除民权事务办公室外,安全及无毒校园办公室工作项目亦涵盖校园霸凌事件,通过项目经费提供受害学生辅导及品格教育补助款。至于地方学区所属中小学通常依联邦、州政府法令及学区之政策或《学生行为准则》(*Code of Student Conduct*,CSC),执行反霸凌的预防倡导、辅导咨商和惩戒措施。因此,在执行校园霸凌防治政策时,学校教职员能拥有实施管教措施之完整授权。

英、美两国中央政府体制虽不相同(前者为单一国内阁制,后者为联邦国总统制),但是在校园霸凌防治政策上,英、美两国均有对应性之立法及对地方政府的行政指导(administrative guidance)或经费补助,学校均为政策执行的主要场域,故在法令中明定学校教职员具有处理学生偏差行为(包括校园霸凌)的管教权责,为两国校园霸凌防治立法的特色。不过,值得注意的是,英、美两国法令对校园霸凌的定义、类型与处理机制之设定,并未完全依循学术研究的结果,似乎反映出政策设计往往需以当事人的权益保障及资源分配的可行性为优先考虑。

### (二)零容忍政策(zero tolerance policy)

所谓零容忍政策,即针对特定违反法令行为,施以事先明订的惩罚措施,不论犯行轻重,只要违反规定一律严格惩处。此用语源于 1986 年,美国联邦检察官率先在一项政府扣押运毒轮船方案计划中使用,并自 90 年代起快速应用在防治非法入侵、种族歧视及性骚扰等政策中。此政策对公立学校而言,意味着对违反学生行为准则(CSC)之学生,特别是持有枪械或毒品者,采取立即停学或开除之惩戒处分,以免危害其他学生及教职员。其中尤以美国联邦《无枪校园法》(*Gun Free Schools Act*)(1994 年通过)为推动零容忍政策之关键立法,该法案要求,针对携带枪支到校学生,各州立法应处以其至少退学一年的惩戒处分。继而各州又在州法律中扩张零容忍政策之范围,包括校园霸凌、药物滥用、暴力斗殴、干扰教学等事项,以上行为均可能遭到定期停学或退学处分。英国中央政府多次在行政指导中强调,校园霸凌绝不能被容忍,要求学校校长和教师确保学生人身安全,此为学校管理最优先要务。在此目标下,防治校园肢体霸凌及网络霸凌,均属学校管教政策的重要内涵。此外,英国政府更在《2011 年教育法案》(*Education Act 2011*)中,针对校长和特定教师在搜查学生物品、删除电子设备中不当档案(含手机)及停学处分等措施上,赋予其更广泛的强制管教权力,以因应校园霸凌等重大偏差行为。

近年来,英、美两国均出现对学校执行零容忍政策过于严苛,或缺乏弹性等问题的批评,但多数地方政府及学校管理者仍坚持反霸凌政策的一致性与坚定执行,认为其对减少校园霸凌及维护校园安全有其必要性。

### (三) 行政法的原则

虽然英美中小学对校园霸凌等偏差行为之惩戒,拥有一定裁量权力,但为兼顾保障基本人权及校园安全,英、美两国教育法体系(包括普通法和制定法)对学生偏差行为惩戒措施相关事项,仍依循行政法之重要原则予以规范,其主要意旨如下。

**1. 法律保留原则(principle of legality)**

法律保留原则又称为合法性原则,是法治的基础,其要求政府所作任何侵犯人民财产或自由的行为,均需有国会通过的法律来证明其合法性,亦即政府必须提供其行为的严格法律依据。此原则在英国主要是以下列内涵呈现。

(1)越权原则:意指公共部门应在权限范围内作为,不得逾越制定法所规定之职权或滥用权力。若公共部门(含委任立法)违反此原则,构成不合法(illegality)状况,法院即可介入审查并予以纠正。

(2)不得侵犯国际公约保障之基本人权:基于 1998 年《人权法》,该法第 6 条第 1 项规定:"任何公共机构侵害《欧洲人权公约》保障权利之作为,均属违法。"故《欧洲人权公约》有关人身自由及安全(第 5 条)、罪刑法定(no punishment without law)(第 7 条)、尊重隐私、家庭及通信自由(第 8 条)、受教权(议定书第 2 条)等条文,已成为制定法中对公共部门不得非法限制或侵犯人民基本权利的规范,公立学校需遵守法律规范。

美国联邦宪法第 1 条明定立法权属于国会,联邦最高法院由此发展出禁止授权原则(nondelegation doctrine),认定国会不得将立法权交由行政机关行使。唯基于授权行政立法的必要性,实务上此原则并未严格适用。在保障基本人权方面,美国公共部门主要是依循联邦宪法各条修正案的规范,特别是《宪法第 14 条修正案》(*Fourteenth Amendment*),明定各州不得未经正当法律程序,剥夺任何公民生命、自由和财产权。美国联邦最高法院通过判例将此修正案与其他修正案保障的权利结合,同时从实质与程序的正当性中,防止政府部门侵害公民基本人权。因此,美国各州和学区除有法律依据或授权,其订定的管教法规和惩戒措施,均不得损害学生受宪法保障的基本权利。

### 2. 平等原则(principle of equality)

除非有合理差别对待之理由(例如身心障碍因素),否则对学生偏差行为之惩戒,必须公平一致,不得有基于家庭、宗教、地域、学业成绩等因素,而产生差别待遇。

### 3. 法律明确性原则(principle of legal certainty)

此原则是依法行政原则的主要成分,要求法规的构成要件及法律效果能够清晰明确,若授权行政机关订定命令,授权的目的、内容及范围应具体明确。英国从法治(rule of law)概念中发展出此原则,认为政府部门处理公共事务应有确定性和可预测性,以保障人民对其权益的合法期待(legitimate expectation)。因此,英国教育部要求学校在订定学生行为政策(behavior policy)时,必须明确原则并保证师生、家长周知。美国联邦最高法院通过判决表示:规范人民义务的制定法必须明确清晰(definite and clear),不需另外猜测其意义或适用方式,否则即违反宪法对一般正当程序之要求无效,此即模糊无效原则(void for vagueness doctrine)。所以,美国各州及学区订定的学生管教法规及惩戒措施,普遍要求内容具体明了,以使学生与家长能够理解何种行为系违反法规。如规范内容过于简略或空白,即有可能在司法诉讼时遭到法院判决无效。

### 4. 比例原则(principle of proportionality)

学生惩戒应采取对基本人权侵害最小之方式,确保惩戒措施所造成之损害不得与欲达成之目标利益失去均衡。换言之,惩戒措施应与违法行为责任相当。如惩戒措施涉及学生权利的限制或剥夺时,除就其行为类型和造成伤害程度进行考虑外,应考虑学生的年龄、性别、心理状态与过去行为记录。

### 5. 正当法律程序(due process of law)

正当法律程序主要内涵为当事人应受到公平司法程序保障,有权陈述本身意见或出示证据,调查证据时有亲自或请代理人到场辩论的权利。同时,在调查或审判过程中,应有合理准备期限,不得受到缩减。凡对学生施以惩戒处分,均应给予学生及其家长申诉并保障调查程序的权利,愈是剥夺或限制学生权利愈大的惩戒处分(如停学、退学),其执行及救济程序即应愈完整。以英国学生永久停学(退学)处分为例,系由英国地方教育当局处理家长对永久停学的书面上诉,英国地方教育当局应设置独立上诉委员会(Independent Appeal Panels),以此处理家长对永久停学的上诉,家长的上诉应于指定期限内,以书面形式向英国地方教育当局提出。美国联邦及州法院判决也明确表示:依学生所受惩戒处分的严重程度,提供学生的正当法律程序的质与量。同时,任何惩戒处分都应伴随特定程序,以避免学区管理者在正当法律程序上出现错误。如果学生认定遭到不当停学或开除,有权要求恢复原状,学校不得因此扣减学生成绩,学校管理者应删除学生个人信息记录中有关此不当处分的信息。

# 三、利害关系人义务

## (一) 主管行政机关

英国地方教育当局和中小学依法对校园霸凌等学生偏差行为之后果负有法律责任。自 2012 年起,英国教育部已将防治校园霸凌列入英国教育标准局(Office for standards in education, Ofsted)学生行为及学校安全年度视导项目的范围,所有中小学均需接受视导。此外,英国地方教育当局应依法建置行为与教育支持小组(Behavior and Education Support teams, BESTs),以支持协助所属学校执行学生行为改善方案,其主要系以国民中小学的学生为服务对象,并通过多部门任务团队向学校提供各项协助,整合地方政府各部门的相关工作,对有偏差行为、适应困难之学生及其家长,给予医疗、咨商、社会福利等服务。

依据美国联邦政府的调查分析,至 2012 年底,全美 50 州仅蒙大拿州尚未制定防治霸凌法律。在已有反霸凌专法的 49 州中,有

39 州同时建立防治网络霸凌的规范。同时,各州法律中多数已要求学区通报校园霸凌事件(37 州)、调查通报事件并启动保护受害者程序(32 州)、明确规范霸凌行为者面临的后果与惩戒(44 州),以及对学校教职员提供处理霸凌事件的教育训练,并发展提供全校性或小区性预防方案(40 州)。此外,有 24 州的法令或学区政策向校园霸凌的受害者提供咨商、辅导及医疗等服务。

## (二)学校教职员工

依据英国《学校标准架构法》(SSFA)第 61 条明确规定,中小学校管会必须依法制定学生偏差行为的管教政策。此外,英国教育部通过行政命令赋予校长执行学生行为管理政策,并决定奖惩措施的权力,特别是激励学生正向行为且预防霸凌发生;并要求校长每年应对教职员、家长及学生公布宣达学校的行为管教规章。英国《教师待遇及工作条件法案》(*School teachers' pay and conditions*)规定,中小学教师的专业责任除教学辅导外,还包括管教学生和维持教学活动的纪律。因此,协助处理校园霸凌事件属于学校教师专业工作的一部分。

美国各州法律均明确授权州及所属机构与地方学区,基于保护学生权益并建立有益学习的校园环境,有权订定并执行合理的学生行为规范。同时,由于校园安全是家长对学校教育服务的优先关注目标。因此,学校教职员有法律及道德义务维持学生行为纪律,即便相关惩戒规范可能损及学生受法律保障的自由权,只要被证明具有合法教育利益之正当性,即可获得司法部门的支持。事实上,为强化学校教职员管教权力,建构有秩序的学习环境,在 2001 年生效的联邦《不让一个儿童落后法案》(*No Child Left Behind Act*)中,包括《教师保护法案》(*Teacher Protection Act*)条文,其适用对象包括获得联邦补助款之州所属学区的全体教职员。此法案提供学校教职员(教师、校长及其他专业人员)因维持学生秩序而采取合理行动时所需的保障,在教职员权限内因维持校园纪律而惩戒学生,只要未有违法的不当行为,使用强制力(包括体罚)可豁免相关法律责任。同时,学生和家长向联邦法院提出有关学校教职员的管教争议诉讼,若与事实不符且败诉,原告需赔偿被告辩护所需的诉讼费用(包括聘请律师支出)。

### (三) 学生家长

依据英国 1996 年《教育法》的规定,家长对其子女在校的偏差行为负有协助改善之义务,若其子女的行为无法改善,英国地方教育当局或学校可依下列方式要求家长承担连带责任。

1. 学生遭停学处分。如学生因霸凌等偏差行为被永久停学或在一年内被定期停学二次以上时,英国地方教育当局或学校可向法院申请对其家长发出《教养令》(*parenting order*),此一教养令通常包括两个部分:(1) 要求家长出席咨商、辅导课程(上限三个月);(2) 配合学校之特定要求以改善学生行为(最多一年)。其中,有关课程等额外经费由英国地方教育当局支付,家长违反教养令者,学校可移送治安法院 Magistrate's Court)裁决并处以罚金(每次最高一千英镑)。

2. 学生违反《反社会行为令》(*anti-social behavior order*)。所谓反社会行为(anti-social behavior)包括任何造成他人生活质

量的毁损、混乱的威吓性、挑衅性或破坏性的行为。就学生而言（10 至 17 岁），在教室不听制止、嘶吼、损坏公物、制造噪音、威胁使用暴力等，均可能被视为反社会行为，进而遭法院发出反社会行为令禁止其再出现类似行为。若学生违反此命令，法院亦可连带对其家长发出《教养令》，以要求家长共同承担改善学生偏差行为的责任。

以美国加州相关法令规范为例，加州所属学区学生之家长，若其子女在校出现骚扰学校教育活动、蔑视教职员权力、霸凌同侪等不当行为，并因此遭到停学处分时，学区可要求家长列席学生上课日之部分课程。此外，加州教育法亦规定：学生在一学年中旷课三次以上时，将被视为习惯性旷课，其家长会收到通知书，而家长负有强制将子女送至学校接受教育的义务，若其子女旷课情况未能改善，家长将逐次受罚，最高可被处以罚款 500 美元（此罚款以接受家长辅导课程取代）。此外，若学龄子女具有身心障碍或家庭经济弱势等特殊因素，其家长之义务将得到豁免或弹性调整。唯因学校或地方教育主管机关已提供遭停学学生替代教育之服务。所以，家长将子女送至学校接受义务教育的责任，并不限于主流学校，包括替代学校或替代教育方案，如此方能确保学生不致在停学期间在外游荡，错失辅导与学习机会。

## 四、校外机构参与

由于提供义务教育服务系英、美地方政府的法定责任，因此，如有学生因校园霸凌行为而遭受停学或退学处分时，除给予专业辅导外,政府部门需依法提供相当程度的替代教育服务,此服务的提供,并不限于公共部门。以英国为例,依 1996 年《教育法》(*Education Act 1996*)的规定,英国地方教育当局必须提供符合资格的学龄儿童全时义务教育。因此,针对因霸凌等偏差行为而遭停学的学生,自其停学第六天起,英国地方教育当局应提供适当之替代教育服务(alternative provision),使学生能有机会继续接受义务教育核心课程、社会互动技巧、职业技能、情绪管理等多元化个别教育计划,唯此类替代教育服务,由非政府部门提供(需经政府认可)。目前,英国约半数有此需求的学生,是由英国地方教育当局设置的转介学校(Pupil Referral Units,PRU)提供服务,此替代教育学校为法定学校类型之一,英国地方教育当局设置、改变、关闭转介学校都必须向教育部提出报告。同时,所有转介学校与主流学校一样,配置专任教师及支持教学人员。以 2012 年为例,英国共设置 403 所转介学校,向 13 495 位学生提供服务,至于其他近半数进入替代教育的学生,是由转介学校以外的非营利部门、企业、小区组织等外部机构提供服务。

美国联邦政府依《宪法第十修正案》规定,联邦政府职权并不包括中小学教育,相关教育事务系各州保留权力(reserved power)之一。因此,各州中小学教育体制均由该州法律决定,并对学龄儿童及青少年负有提供全时义务教育的责任。此外,全美 50 州已有 48 州制定不同形式及内涵的替代教育相关法令,以使未能于一般公立学校接受义务教育的学生,能享有相当程度之替代教育服务。同时,有 33 州在法律或政策中对替代学校课程予以规范,要求其课程应包括核心课程或州订定之课程标准,由外部机构(非营利组织、企业等)办理的替代教育学校或方案,需取得主管机关的许可。

依据美国联邦政府的统计,2007—2008 年度,全美有 75％的地方学区,已由学区所属单位或外部机构(非营利组织、企业等)提供替代教育学校或方案的服务;已有外部机构提供替代教育服务之学区达 35％,内容包括行为改善、品德教育、技艺学习等多元化个别教学计划,共有 645 500 名学生注册就读。以纽约市为例,其依联邦法、州法及学区政策,校长可对违反规定学生予以最多停学 5 天的处分,学区教育总监可对发生持有枪械、严重校园霸凌等行为的学生,处以最高一年的停学处分。不论停学处分时间长短,学校和学区均需同步安排被停学学生的替代教育服务。此服务可以由学生原校提供的替代教育方案(alternative program),或至学区设置的替代学校两种方式之一实施。以后者而言,2012 年度纽约市所属 5 个行政区下,共设立 38 所替代学习中心(alternative learning centers),同时提供学生法令规定的核心课程,制定适合其偏差行为状况之辅导计划,每一行政区设一位行政主管,每一学习中心设督导 1 人、课程教师 4 人及其他特殊教育教师、咨商员、支持性专业人员及学校助理人员。

## 五、英、美校园霸凌防治政策成效

### (一)英国和美国调查统计

受限于调查工具、霸凌行为界定及法令规范通报内容的差异,英、美两国校园霸凌事件的统计数据难以直接比较。由于中央法令,英国未要求学校向校管会通报所有校园霸凌事件,通报格式、内容亦无统一规定,校园霸凌调查统计单位并未系统化,各单位调查期程、调查学生年龄范围及问卷题目并不一致。所以,各单位调查结果通常均有所差别。英国 2009—2010 年度犯罪调查摘要显示:22%的 10 至 15 岁学龄儿童,曾在过去一年中遭受霸凌;同一年度由教育主管机关委托进行的另一项定期调查结果指出:有 26%的 10 至 15 岁学龄儿童在过去一年遭受校园霸凌。两者存在差异的主因在于调查范围以及未区分遭受霸凌地点(校内或校外)。不过,英国中小学校长对校园霸凌加害者处以课后留校或停学等惩戒处分,必须列入通报统计,即使是义务教育阶段之学生,也可能遭到永久停学或退学处分。近年来,英国公立中小学学生因校园霸凌受到永久停学处分的人数,大致呈现下降趋势。

美国各地方学区中小学校园霸凌事件之调查,采取学生问卷调查和学校通报两种途径同时进行。自 2003 年起,校园肢体霸凌发生率有减少的趋势。但是,从美国联邦部门进行的调查统计结果来看,自 2005 年迄今,公立中小学整体校园霸凌发生率并无明显变化。

## (二) 国际调查统计

校园霸凌对学生身心产生负面影响,此为各国普遍存在的问题。世界卫生组织(WHO)定期实施的学龄儿童健康行为国际研究(Health Behaviour in School-aged Children Study),包括对各国校园霸凌现况之调查。其中英、美两国 11 岁及 15 岁学生在过去两个月内遭受霸凌两次以上之比例,在 2004 年—2012 年的三次调查结果中,前者(11 岁)发生率虽略有起伏,但后者(15 岁)明显呈现下降趋势,并低于参与调查国家发生率的平均值。

# 德国学生个人资料保护法律

高 露

## 内 容 提 要

　　世界进入深度融合大数据时代,个人资料保护也愈发重要。德国认为,学校应让学生充分了解个人资料保护的重要性,也应全力保护学生个人资料安全。为保护学生个人资料,德国从以下几方面规范个人资料保护:搜集、储存或利用学生个人资料,保护未成年学生信息安全,规范教师于私人环境处理学生个人资料,校园监控与个人资料保护以及肖像权与个人资料保护。

在教育教学过程中,学校必须处理有关学生和其监护人的在校个人资料,但不限于一般的基本数据,例如姓名、生日和住址等。与此同时,大量较为敏感的资料,如学生成绩、社会活动、健康状况和心理辅导等资料,这些学生个人资料可能因为其敏感性,若不当公开会影响学生人格发展或其生活,或具有一定的商业价值,例如针对学生族群的产品营销,因此,学校应该采取适当的保护措施,谨慎处理未成年学生个人资料。一如其他领域的个人资料保护,学校个人资料保护需要遵循以下个人资料处理的基本原则:1. 允诺原则,原则上未经允诺,不得搜集处理和利用任何个人资料。此处的允诺指法律规定或当事人的同意,在取得当事人同意前,使用方应充分告知有关其个人资料的搜集处理方法和范围;而当事人的同意,原则上可以撤回。2. 目的拘束原则,个人资料仅限于特定目的范围内方可搜集利用。3. 必要性原则。4. 比例原则,利用当事人个人资料,或者因为利用数据,这些对其人格权所形成的影响需合乎比例。

## 一、搜集、储存或利用学生个人资料

个人资料保护的最根本问题即在于界定何谓个人资料。因此,讨论学生个人资料保护,须先明确其范围。德国黑森州学校个人资料处理和学校统计数据搜集办法详列学生个人资料范围，并将其分为四大类：一为个人基本数据，例如姓名、地址、性别、电话号码、宗教、国籍和父母等等；二是学习历程数据，例如入学日期、曾就读的学校、班级和级别等等；三是学习相关数据，例如学习成绩、各类考试及格证明、学习预警、重修和跳级等等；四是针对不同类别的学校，例如小学、高中、职业学校和补校等有不同的个人资料界定，以协助教育目的的实现。由于上述办法对于可搜集的学生资料采取列举规定，除非个别具有必要性的例外情况，否则原则上就算得到学生（家长）同意，也不能搜集表列示项以外的数据。例如德国社会常见的难民，非上述资料所列，不得进行搜集。

德国各州对于学生个人资料搜集皆采取所谓的限制搜集原则(Prinzip der Datenvermeidung und Datensparsamkeit)，并受搜集目的拘束(Zweckbingdung)。因此，规定范围外的利用，若无法定情形，则属于侵害个人隐私。以学生的成绩记录为例，导师教师以及保存成绩和记录成绩的单位为履行其任务，可以搜集学生成绩，校长、辅导单位必要时也可得知学生其他各科成绩，但各科老师原则上无权得知学生其他科的成绩，只有特殊情况方可例外，否则即属目的范围外的利用。

学生或其监护人原则上有权阅览学校所储存的个人资料，不论该数据是以纸本还是电子档案的方式呈现，此项权利只有在对于第三人造成重大利益影响时才能加以限制。但此项阅览请求权并不表示教师需以其原本的储存方式呈现资料，如教师对学生的评语是记录在其个人手册或笔记中，而后输入学校系统，则当事人无权限要求查阅教师个人的工作手册或笔记。

网络时代的个人资料利用问题,即学校在网页上公布学生的个人资料,原则上需要告知当事人并签署同意书,否则即可能有违目的拘束原则。网络作为开放空间,任何人都有机会下载、打印该数据,甚至进一步篡改、滥用或冒用,对于当事人而言,其数据将被何人使用、如何被使用、使用目的为何,可能都无法预估。在个人资料上传网络后,当事人的信息自主权形同虚设,具有一定风险,因此应避免将个人资料上传网络。

## 二、保护未成年学生的信息安全

未成年人作为权利主体,其个人信息自主权应受到保护,凡涉及个人资料的处理利用,除法定情形外,应经当事人同意,已如前述。虽然当事人的同意未有年龄的限制,但最重要的是未成年人是否具有事理辨别的能力。未成年当事人是否具备此判断能力,必须依据个案判断。对于学校而言,处理利用未成年人的个人资料,可能因此带有不确定性,故认为涉及"重要"的个人资料保护的事项,例如将学生个人照片、姓名和出生年月日等资料上网公开,应取得学生家长的同意。此外,即便承认父母对于未成年子女的个人资料处理利用有同意权,在子女成年后,应允许其撤回父母先前的同意。

## 三、规范教师于私人环境处理学生个人资料

在校园个人资料保护中,有一个经常被忽视但却具有实务重

要性的问题,即教师在私人环境处理学生个人资料的问题。禁止教师在私人环境处理学生个人资料,实践上有其窒碍难行之处。教师居家或于私人环境处理学生个人资料,学校负责信息安全维护的相关人员鞭长莫及,若未规范此行为,则可能导致学生、家长或其他教职员的个人资料外泄、遭窃取或篡改,对学校信息安全造成威胁。

规范教师在私人环境处理学生数据,需视各州具体规范。《德国联邦数据保护法》仅适用于联邦公务机关和非公务机关的企业,公立学校多属于各州管辖的公务机关,因此各州需因地制宜。

以黑森州为例,教师在私人环境处理学生个人资料依据《学校个人资料处理和学校统计数据搜集办法》。《学校个人资料处理和学校统计数据搜集办法》第 3 条第 1 项规定,教师需填写黑森州文化部制订的统一表格,向校长提出书面申请。除拟需处理的资料种类和使用目的外,申请书内容还包括同意遵守《黑森州数据保护法》第 10 条。《黑森州数据保护法》第 10 条规定,教师应采取适当保护措施,并同意接受黑森州数据保护官(Hessischer Datenschutzbeauftragte)的监督,并且允许在规定时间内进入其私人领域进行查核。要求教师签署书面协议、同意数据保护官进入私人处所检核的正当性,在实务上引发不少讨论,德国教育和学术工会(Gewerkschaft Erziehung und Wissenschaft, GEW)表示,依据《学校个人资料处理和学校统计数据搜集办法》第 13 条第 1 项规定,此举未对居家权利造成侵害。

并非所有学生个人资料皆可于私人环境处理,而且处理完毕后必须立即归档。为制作证明、公告或通知及其他相类似文件，所处理的学生个人资料需于工作完成后立即删除。特殊教育的鉴定书具有高度敏感性，只允许在学校范围内处理。于私人环境处理个人资料并非私事，在责任归属上，即便符合合法程序，学校仍应为此负责。若教师违反个人资料保护的规定，校长有权禁止教师于私人环境处理个人资料。

对于细节问题，黑森州文化部和黑森州数据保护官另外制定了其他注意事项，其中最为重要的规定是带回私人环境的数据只能以加密的随身（硬）盘存取，并应以密码加以保护。家庭计算机必须安装防病毒软件和防火墙，以避免数据不当外泄。若教师违反规定致使学生个人资料泄漏，学校和教师须承担法律责任。

## 四、校园监控与个人资料保护

为维护校园安全，学校选择安装监控，许多学生和家长对于这种做法持支持态度，因为监控可以提升其安全感。虽然装设监控的目的不在于监控师生的行动，是为维护校园安全，但仍有人认为此举可能侵犯个人隐私。事实上，校园暴力冲突、破坏公共设施或其他类似的侵害应由教育手段来阻止，监视录像并非合适的手段，无法阻止正在进行的冲突或暴力，甚至将暴力行为或破坏性行为推向监控死角，暴力冲突产生的原因仍未解决。

监控设置于校园公开场所，个人资料将被搜集储存，这增加了个人资料被滥用或误用的危险。监控的存在可能造成学生不适，因为学生无法得知其个人资料将被如何利用，或是对于数据被利用并无决定权,进而影响被拍摄者的社会活动和行为自由,形成福柯(Foucault)所提出的全景敞视主义(Panopticism)的效应,此种影响不单约束个人行动自由,甚至会威胁整体利益。民主自由社会以公民自主意志和参与为根基,如果在当事人不知情或未同意的情况下,直接使用其个人资料,属明显侵犯学生信息自主权并进而影响整体社会利益。设置监控可能造成此负面效果,因此对于其设置需有一定的规范。

《德国联邦数据保护法》第 6 条规定:"可以在公开场合设置监控。"《德国联邦数据保护法》第 6 条规定:"以电子设备监视公共场所(录像监视),须合理并不侵犯他人权益。"

基于此,学校在必要范围内于公共空间设置监控,并且不损害学生利益时,原则上应予许可。但学校设置监控应遵循下列原则:1. 监控的设置应该具有必要性,应设警告标志,明确指出监控设置地点。2. 监控设置地点仅限于校门、走廊或操场等公共空间。3. 明示监控设置目的。若其目的不合理,则所搜集到的资料应该予以删除。4. 应明示监控数据储存时间,不能将所录制的影像持续储存。

## 五、肖像权与个人资料保护

现代社会使用影音记录生活或工作事件已成常态,学校在各种活动中拍照或录像,并作为记录或作为日后的成果展示,甚至以印刷出版或上传网络的方式,让公众进一步了解学校。倘若学校使用的影音数据涉及学生形象,可能产生肖像权和个人资料保护的问题,学校对于上述资料的利用是否毋庸置疑,仍有讨论余地。

肖像权指个人自主决定如何以照片或其他形式呈现于公众的权利。为保护肖像权,除依据人格权赋予的民事保护外,《艺术和摄影作品著作权法》(*Kunsturhebergesezt*)是德国有关个人肖像权保护最为重要的法律。《艺术和摄影作品著作权法》第 22 条第 1 项规定:"关于个人的肖像,原则上只有在当事人同意的情况下才能传播或公开。"《艺术和摄影作品著作权法》第 23 条规定:"在特定情形下,不需当事人同意,可对于其照片加以利用,其情况有四:

1. 被拍摄人为具有时代意义的人(Personen der Zeitgeschichte)。至于被拍摄的人是否为所谓的具有时代意义的人,其判断的标准,应着重于报道的前后文对照,非当事人本人认知。对于所谓时代意义应为广义解释,因为在信息自由和信息公开的社会,社会大众与重大意义的事件有强烈的利益相关。因此,时代意义的人应包括国家元首或政治人物(甚至在其任期结束后)、经济领袖、知名学者和发明家。欧洲国家还包括皇室人员或其他具有时代意义的皇族(旧皇族)、艺术家、艺人、歌手或运动员等等。

2. 被拍摄的人只是偶然出现于被摄地点。例如观光游客或无意入镜的路人。判断的重点在于是否可以明显看出当事人并非照片的重点,只是偶然或无意入镜。

3. 照片呈现的是当事人参与的集会、活动或是类似场合。在此情况下,照片所直接呈现的并非个别当事人,是以该活动或事件为主体。在这种情况下,仍然要注意不可特意的突显某个人,否则即可认定照片目的在于呈现该个别当事人,非活动或事件本身,属侵犯当事人权利。若公开私人活动照片且未经当事人同意,属于侵害其权利。

4. 非委任而完成的照片,其传播或展示具有更高的艺术价值。例如摄影师拍摄的街头人物,若具有更高的艺术价值,其传播或展示无须得到当事人的同意。唯何谓艺术价值,仍存在争议。"

学校拍摄团体照,团体照片公开或传播,也必须得到所有被拍摄者的同意,即可能需要得到 10 个人、20 个人甚至更多人的同意。另一种观点认为,拍摄团体照时,无须得到当事人同意。这是错误的认知,其误解可能源自错误诠释《艺术和摄影作品著作权法》第 23 条。

个人资料保护最初的目的在于避免个人资料被滥用。现在,个人资料保护已不单单是防止个人资料滥用,还包括行使个人积极信息自主权。自主控制个人资料的权利,可以维护个人尊严与主体性,以及保持人格的完整性。在现代信息社会,由于网络、计算机和手机等发展,储存和利用个人资料更加便捷迅速,也使得个人资料的保护更为重要。

学校个人资料保护的重要性可以从两方面来看,一是学校作为教育的场所,应该保护学生个人资料,让学生学习自主决定个人资料以及尊重他人资料。二是学生处于青少年时期时,个人资料的不当利用,可能导致其遭受他人揶揄、嘲弄,或对其未来造成负面影响。

自 20 世纪 90 年代起,德国着力保护个人信息隐私权,从联邦数据保护法到各州的学校法和法规命令,校园个人资料保护逐渐完善,给予学生个人资料最大的保护,维护人性的尊严。

# 大数据条件下欧美未成年人隐私保护法规述要

高 露

## 内 容 提 要

为保护未成年人信息安全,美国制定《儿童网络隐私保护条例》,英国制定《网络服务适龄设计实践守则》,欧盟制定《通用数据保护条例》。

# 一、美国《儿童网络隐私保护条例》

1998 年,联邦贸易委员会制定《儿童网络隐私保护条例》(*Children's Online Privacy Protection Rule*,COPPA)。2012 年,联邦贸易委员会修订《儿童网络隐私保护条例》,旨在限制、规范网络收集儿童信息行为。

## (一)适用主体

《儿童网络隐私保护条例》保护对象仅限于 13 岁以下的儿童。《儿童网络隐私保护条例》严格限制网络运营商收集未满 13 岁儿童信息。

向网络用户提供服务时,网络运营商应知悉网络用户的年龄。当用户注册账号时,运营商应确认用户年龄是否已满 13 岁;确认用户年龄的方式非常多样,如直接询问用户年龄或用户学历等。

## (二)网络运营商规范

### 1. 制定隐私政策

《儿童网络隐私保护条例》规定,网络运营商须制定明确的隐私政策,并使用未满 13 岁儿童可理解的话语进行说明。隐私政策应公开网络运营商处理儿童信息的方式。

隐私政策应包括:(1) 网络运营商列表;(2) 公开个人信息收集范围及用途;(3) 列举儿童父母可行使的权利。隐私政策应置于网站首页,或其他收集儿童个人信息的页面,并应设置醒目的链接。网络运营商制定的隐私政策,如果面向一般大众,则应专门制定有关儿童信息的条款。

**2. 告知儿童父母**

网络运营商在收集儿童信息前,应直接通知儿童父母或监护人。当网络运营商更动父母先前同意的条款时,应及时向儿童父母发送通知,让儿童父母知悉此事。

通知内容必须包括:网络运营商收集儿童信息,前提是征得父母同意;明确设置隐私政策链接,保障父母的同意权。如父母未在合理期限内行使同意权,网络运营商须将儿童父母的网络联络信息从联络档案中删除。

**3. 征得儿童父母同意**

在收集儿童个人信息前,应取得儿童父母同意。《儿童网络隐私保护条例》未规定收集信息方式,但在收集儿童信息前,网络运营商须征得儿童父母同意,确保儿童父母行使同意权。

征得儿童父母同意时,须经过以下环节:签署双向同意书并以电子邮件、传真或电子扫描方式回传;网络运营商通过信用卡或其他网络支付系统通知儿童父母;网络运营商提供免费电话服务;查核资料后,结束查核程序并删除相关资料,并提供政府核发的 ID 资料副本;利用人脸识别系统,核对儿童父母身份文件。

网络运营商收集儿童个人信息,若仅为内部使用,可利用附加邮件方式,寄发信件给儿童父母,征得儿童父母同意,并且须通过书信或电话方式确认。通过附加邮件方式,父母有权随时撤销同意。

若网络运营商需变更先前协议,或第三方需使用已收集的儿童信息,则网络运营商须再次征求儿童父母意见。

### 4. 父母行使同意权

父母有权同意网络运营商收集儿童个人信息,并可继续行使其他权利,网络运营商也须履行相应义务,如儿童父母要求网络运营商提供收集信息渠道、拒绝网络运营商继续收集儿童信息、要求网络运营商删除儿童信息等,网络运营者须采取合理措施,并保持与儿童父母沟通。同时,网络运营商应避免对儿童父母造成负担。

### 5. 安全措施

《儿童网络隐私保护条例》规定,针对收集儿童信息,网络运营商应采取一定安全措施。首先,应降低信息收集频率,网络运营商须履行保护信息安全的责任。其次,若情况合理,网络运营商可持有儿童信息;如无正当理由,网络运营商应及时处理儿童信息,并保证其安全。

### 6. 安全港规则

2000 年 12 月,美国实行安全港规则(Safe Harbor),旨在规范网络运营商收集信息行为,并保证个人信息安全。企业若自行订立管理规则,需向美国联邦贸易委员会提交申请,出具书面材料,并接受美国联邦贸易委员会审查。企业自我管理规则须刊登于联邦公报(Federal Register),并征询公众意见。申请书须详细说明商业经营模式、技术设备装置,以及评估收集信息可行性。完

整的安全港规则及其附件,符合法规要求、评估机制,并能够保证
《儿童网络隐私保护条例》顺利执行。

## 二、英国《网络服务适龄设计实践守则》

　　网络运营商处理个人信息时,应履行保护信息义务。2020 年
1 月 22 日,英国咨询委员办公室(Information Commissioner's
Office,ICO)发布《网络服务适龄设计实践守则》(*Age appropriate
design: a code of practice for online services*)。《网络服务适龄
设计实践守则》规定,网络运营商向未成年人(18 岁以下)提供网
络服务时,可通过以下渠道提供服务:应用程式、网络玩具、社交
媒体平台、线上游戏、教育网站和媒体服务。基于《欧盟一般资料
保护规则》与《隐私和电子通信规则》,若网络运营商未履行义务,
英国咨询委员办公室可依据《英国资料保护法》,采取相应法律措
施。《网络服务适龄设计实践守则》重要内容如下。

　　1. 儿童最佳利益。在开发和设计儿童网络服务时,应首要考
虑儿童最佳利益,包括网络安全、儿童身心健康发展。2. 透明原
则。向儿童提供的隐私政策和隐私守则必须简明扼要,清楚易
懂。3. 避免资料不当使用。网络运营商应避免通过有害儿童福
祉、违反行业规则等方式使用儿童个人信息。4. 设置隐私标准。
网络服务应设置严格的隐私标准,除非网络运营商可以提出合理
理由,说明隐私设定是基于儿童最佳利益。5. 精简程序。儿童选
择网络服务时,增加其自主选择权。6. 禁止共享信息。儿童个人
信息不应与第三方共享或泄露给第三方。7. 位置信息。当开启

位置信息功能时,网络运营商应提醒儿童用户,确保其知情。

8.家长知情权。向儿童提供网络服务时,网络运营商应允许家长或监护人知情儿童网络活动或儿童信息位置,保障家长知情权。

9.实事求是。不应诱导儿童提供非必要个人信息、弱化或关闭儿童隐私保护选项,应遵循实事求是原则。10.风险评估。网络运营商应评估收集儿童信息的风险。

英国信息委员办公室发布《网络服务适龄设计实践守则》,展现了英国咨询委员办公室加强儿童隐私保护的决心。该守则于2019 年 5 月 31 日结束公众咨询,于 2020 年 1 月 22 日发布。

## 三、欧盟《通用数据保护条例》

2018 年 5 月 25 日,欧盟制定《通用数据保护条例》(*General Data Protection Regulation*),其前身为资料保护指令(Data Protection Directive 95/46/EC,Directive 95/46/EC)。

### (一)适用主体

《通用数据保护条例》的保护主体,即与欧盟往来的公民,不论其国籍或住所是否属于欧盟境内,姓名是否为真,只要可辨识身份者皆可适用。任何收集欧盟境内公民信息的公司或组织,不论其采取何种收集方式,皆受此规则约束。

### (二)适用客体

#### 1.数据资料

《通用数据保护条例》规定,任何可辨识的个人信息,包括姓名、身份证号、位置信息、网络识别码、一个或多个可辨识生理、基因、心智、经济、文化或社会特征等信息,皆受《通用数据保护条例》保护。

### 2. 告知同意程序

网络运营商收集或再次使用已收集信息,应事先征得当事人同意。网络运营商收集个人信息前,应充分告知当事人相关事宜。如果设有数据保护官,应告知当事人收集个人信息原因、预计持有个人信息期限、是否将有其他方获取此份个人信息、当事人相关权利(存取、更正、删除、申诉、撤销同意),以及设置当事人确认选项。判断当事人是否自愿同意,应斟酌当事人同意时的整体情况,以及所收集当事人信息是否必要。

### 3. Cookie 设定

Cookie 是一个由网站要求浏览器储存在使用者电脑或行动装置的小型文件资料,储存常用网页,以此便利使用者。Cookie 亦用于追踪使用者网络浏览记录,以此为基础,按照使用者的喜好呈现相应网络内容。Cookie 的风险在于网络运营商可搜集使用者浏览记录,分析使用者的喜好,甚至掌握使用者的敏感信息,例如政治倾向等。

任何网站使用 Cookie,必须先取得使用者的同意,才能在使用者的电脑或行动装置安装 Cookie。网站不仅应明示 Cookie,还应说明如何使用 Cookie 所取得的信息。使用者有权拒绝 Cookie,但网站仍应提供最基本的服务。

并非所有 Cookie 都需取得使用者同意。为实现通信目的,其信息传输无须取得使用者同意。这包括负载平衡的 Cookie,使网络服务器能够分送到聚集机组,而非单一的机器。另一个无须取得使用者同意的情况,是给使用者提供网络服务所必需的Cookie,例如网络上填写表单,或在购物网站使用购物车。

### 4. 儿童信息

关于儿童信息保护部分,《通用数据保护条例》第 8 条规定,获取未满 16 岁儿童的个人信息,应取得其监护人的授权或同意。欧盟各成员国需制定年龄限制,即不得低于 13 岁。《通用数据保护条例》规定,由于儿童对风险评估与保护个人信息能力较低,因此应受到特别保护。直接服务于儿童的咨询性服务,无须取得监护人同意。收集公众信息时,应提供简要且易于理解的条款信息;收集儿童信息时,更应使用儿童容易理解的表述。

网络运营商收集信息时,应检查所取得的同意是否符合规范,如查核用户年龄。网络运营商可询问儿童较难问题,或要求未成年人提供其父母的电子信箱,用以回复同意书。直接服务于儿童的咨询性服务,可免除儿童父母的同意,因为此类服务是为了保障儿童利益。

### 5. 特殊信息

禁止收集有关种族、政治立场、宗教信仰、哲学信仰、工会会员信息、个人基因信息、个人生物特征信息、健康、性生活或性取向等信息。该条文共规定 10 种特殊情况,如欧盟各成员国不得立法搜集特殊信息,除非当事人明确同意;为履行义务或执行任务,但需基于欧盟劳动法与社会安全保护法;当事人因身体或法律问题无法给予同意,如当事人陷入昏迷等;基金会、协会或其他非营利组织,基于政治、哲学、宗教或工会目的,需处理个人信息;当事人自行泄露信息；为保障公众利益。

### （三）信息收集原则

《通用数据保护条例》规范网络运营商持有个人信息，不论是基于自动化方式搜集、记录、组织、结构、储存、改写、修改、恢复、查阅、使用、以传输方式泄露、传播个人信息，或以其他方式调整、组合、限制、删除、销毁个人信息，对个人信息进行的任何操作，都属于这类范畴。

**1. 信息处理原则**

《通用数据保护条例》规定，收集信息应符合以下六项原则：（1）收集信息应合法、公正且透明；（2）不得非法使用；（3）最小搜集原则；（4）确保信息准确；（5）储存信息限制；（6）保证信息完整与安全。网络运营商应遵守以上原则，并负责举证责任。

**2. 资料处理合法性要件**

《通用数据保护条例》规定，网络运营商收集个人信息应具备以下要件：（1）取得当事人同意；（2）签订协议；（3）遵守法律规定；（4）保护当事人利益；（5）履行公共义务；（6）权衡当事人利益，追求正当利益，但当事人为儿童时，本款规定不再适用。

### （四）权利行使

**1. 撤销同意**

网络运营商收集个人信息时，应在首次与当事人联络时，告知当事人有权拒绝网络运营商使用个人信息。若当事人曾同意网络运营商使用其个人信息，可以联络数据保护官，随时撤回同意。一旦撤销同意,网络运营商不得再使用此个人信息。基于其自身利益,当事人有权反对网络运营商持有其个人信息。在某些特殊情况下,网络运营商可以被允许继续使用个人资料,例如由官方委托进行的科学研究或信息统计。

为了宣传特定品牌或产品等而寄发的电子邮件,必须取得当事人的同意。如果是某公司现有消费者,公司可以寄发相似产品或服务的广告邮件。当事人可以在任何时候拒绝再次收到相关广告邮件,并且可以要求立即停止使用个人信息。

### 2. 获取信息权

当事人可以向网络运营商确认其个人信息是否正在被使用,并要求存取他们所持有的个人信息,或以特定的信息格式取得本人的个人信息复本。网络运营商应在一个月内回复当事人,并寄发个人信息复本,以及该个人信息曾被如何使用等相关信息。

### 3. 信息更正权

当网络运营商所储存的个人信息有误或缺漏时,当事人可以请求更正或更新个人资料。

### 4. 携带使用权

在特殊情况下,当事人可以要求网络运营商返还个人信息,或直接转交给另一方,即行使携带使用权。例如,当事人决定从一项服务转换到另一项类似服务时,可以使用这权利。

### 5. 被遗忘权

当个人信息不再需要或被非法利用时,当事人可以要求清除个人信息,即行使被遗忘权。此原则亦适用于搜索引擎,因为搜索引擎被认为是信息拥有者。当信息处于错误的、不适当的、无关联的、或过分的情况时，当事人可以要求在搜索结果中清除含有个人姓名的链接，并且增加搜索该信息的难度。若个人信息被某公司或机构上传至网络，当事人可以要求将个人信息删除，该公司或机构也应通知其他曾共享此信息的网站，将当事人个人信息删除。为了保护公众其他权利，如言论自由，有些信息并不会自动删除。例如，在大众眼中具有争议性的言论，若它的存在对大众有利，那么它将不会被删除。

### 6. 未经授权获取信息

个人信息遗失或被非法取得，称为个人信息泄露，数据保护官必须上报国家信息保护机构。如果个人信息泄露风险严重，国家信息保护机构应立即通知当事人。

### 7. 申诉

若当事人认为其个人信息保护权利未受到尊重，当事人可以直接向国家信息保护机构申诉，由国家信息保护机构调查，并于 3 个月内回复当事人。当事人起诉网络运营商，可直接向法院提起诉讼。若网络运营商未遵守欧盟保护规则，当事人可以申请财产赔偿。

欧盟《通用数据保护条例》前言第 38 条规定，儿童对个人信息处理的风险、后果、相关保护措施与其权利等认知不足，所以儿童个人信息应受特别保护。为贯彻《通用数据保护条例》，欧盟各国持续关注儿童个人信息保护议题。